Joshua Beck

Der seltsame Fall des
Coriolanus Snow

Snowfall
Band 4

Bibliographische Informationen der Deutschen Nationalbibliothek:
Die Deutsche Nationalbibliothek verzeichnet diese Publikation in der
Deutschen Nationalbibliographie; detaillierte bibliographische Daten sind
im Internet über http://dnb.dnb.de abrufbar

© 2021 Joshua Beck
Covergestaltung mit pixabay.com
Herstellung und Verlag:
BoD – Books on Demand, Norderstedt
ISBN 978-3-7562-9497-8

Inhalt

4

Danksagung

Aus einem Brief an meinen früheren Englischlehrer, dem ich danken möchte dafür, dass er mein Interesse an Collins Werk geweckt hat:

Betreff: »Grüße aus Panem« und ein kleiner »Brief aus dem Rosengarten«

Lieber Herr E.,

[.] Die aktuellen Entwicklungen in politischer Dimension sind leider wenig erfreulich. Vieles erinnert mich an die *Tribute von Panem* und in diesem Kontext habe ich mich auch unserer gemeinsamen Englischstunden erinnert. Die Filme haben mich seit über fünf Jahren nicht mehr losgelassen und nun habe ich motiviert durch Collins Viertes Buch begonnen – da es weder Freizeitgestaltung mit Freunden oder ein freudiges, erfolgreiches Studieren gibt – aus der Not eine Tugend zu machen und also ein Buch darüber zu schreiben. Es ist aktueller denn je, mit Blick auf die totalitäre Trump-Bewegung in den USA als auch katalysiert durch die Corona-Schrecken global.

Sutherland schreibt in seinen/seinem (?) *Letters from Rose Garden*:

Power. That's what this is about? Yes? Power and the forces that are manipulated by the powerful men and bureaucracies trying to maintain control and possession of that power? Power perpetrates war and oppression to maintain itself until it finally topples over with the bureaucratic weight of itself and sinks into the pages of history (except in Texas), leaving lessons that need to be learned unlearned.

Seine Analyse, so schlicht und kompakt sie auch daherkommen mag, ist vortrefflich zutreffend. Die Mechanismen der Macht, ihre Manifestierung in Machtverhältnissen und also auch in den daraus gebildeten Machtstrukturen zu entschlüsseln, ist eine fast unmögliche Aufgabe, aber ich habe das Gefühl, nach vielen Jahren des Nachdenkens, Sortierens und Analysierens langsam einen Durchblick zu erhalten, Collins Werk also dechiffrieren zu können.

Auch wenn es eine Banalität sein mag, ohne Ihr Eigeninteresse, das Verhalten der Charaktere verstehen zu wollen und uns Schülerinnen und Schüler nach einer Erklärung für viele Absurditäten zu fragen, das Werk also zum Gegenstand des literarischen Diskurses im Unterricht zu machen, hätte es dieses meine Interesse vermutlich so nie gegeben. [.]

*****

Einen besonderen Dank möchte ich auch meinem Freund Steven Schwarz widmen, der mich als Historiker und Politikwissenschaftler in vielerlei Fragen beraten hat, sowie Iris Pilling, mit der ich vor der Veröffentlichung des Manuskriptes intensive Gespräche über die aufgegriffenen Inhalte und erarbeiteten Thesen und ihre Form führen konnte.

Für Fragen der Psychologie und Psychoanalyse danke ich Christine Preißmann, Meike Miller und Julia Klimek sowie für zeitgenössische Erfahrungsberichte, die mir Stefan Sauerwein und Marcel Dehmer zugetragen haben. Aber auch meiner Tante Renate Beck danke ich für den Austausch über kulturgeschichtliche Begebenheiten.

Besonders danken muss und möchte ich aber sechs bedeutenden Denkern, ohne die dieses Buch in dieser Form niemals hätte entstehen können: Hannah Arendt, Elias Canetti, Erich Fromm, Michel Foucault sowie Noam Chomsky und Stephen Hawking, deren Werke mich stark im Denken beeinflusst haben, auch wenn letztere beiden an dieser Stelle nicht direkt Eingang hierin finden.

Der hauptsächliche Dank aber gebührt Suzanne Collins sowie all denen, die an der Verfilmung dieses großartigen Gesamtkunstwerkes mitgearbeitet haben. Dieses Werk hat das Potential, die Welt zu verändern. Für viele Panem-Fans hat das Werk längst ihr Leben ein Stück weit verändert.

J.B., Mai 2021

Vorrede

Wie oft ich die die Filme der *Tributen von Panem*-Reihe mittlerweile schon gesehen habe, weiß ich gar nicht so genau. Jedes Mal habe ich erneut das Gefühl, wieder ein völlig neues, bisher mir entgangenes Detail zu entdecken. Und mit dem Verständnis des Geschehens der ganzen Filmreihe sowie den Büchern als Beiwerk konnte ich so langsam einen roten Faden entdecken.

Es ist wie eine unendliche Aufgabe, eine unendliche Geschichte in allerlei möglichen Dimensionen nachzuschreiben. *Die Tribute von Panem* erzählen von einem Staat, dem Leben und Überleben, von Politik, Unterdrückung, Revolution, aber auch Liebe, menschlichem Verhalten und unseren Urbedürfnissen.

Die Deutungen können staatsphilosophischer, psychoanalytischer, religiöser, literarisch-metaphorischer, kulturwissenschaftlicher, ökonomischer, historischer und gegenwärtiger Natur sein. All dies zu ordnen ist eine Aufgabe Vieler. Und mit diesem Buch möchte ich den ersten grundlegenden Anfang machen. Viele der Thematiken sind nicht zuletzt im Rahmen der Corona-Pandemie aktueller denn je geworden.

Die Zielsetzung meiner vorliegenden Arbeit ist mir zu Beginn nicht wirklich klar gewesen, es war mehr der Weg das eigentliche Ziel. Erst mit dem Schreiben und Denken habe ich so langsam eine Idee davon bekommen, was die Quintessenz sein könnte. (Hätte ich das aber schon vorher gewusst, hätte ich ja nicht zu schreiben brauchen.)

Das Werk habe ich aufgrund der Fülle an Themen und vielfältigen Gedanken in vier Bände aufgeteilt und in einem erweiternden Band – *Die Geschichte der Macht und die Macht der Geschichte* – wichtige »Grundlagen« für die bessere Verständlichkeit und Lesbarkeit des Gesamttextes von der Geschichte Panems in Fragestellungen der Macht, das Wesen des Faschismus und der Entstehung von Staaten ausgelagert. Der

Schreibstil ist ein mehr philosophischer und die Gedanken darin sind durchaus wichtig, um Panem als Phänomen richtig begreifen zu können. Jedoch könnte es für interessierte, neugierige, aber etwas ungeduldige Leser den Lesefluss hemmen. Dennoch möchte ich den Band, in den ich auch neuere und aktuelle politische Entwicklungen unserer Zeit eingearbeitet habe, sehr empfehlen.

In der eigentlichen Hauptarbeit setzte ich mich im ersten und zweiten Buch mit der (fiktiven) Geschichte Panems und der *Mockingjay Revolution* in einer ausführlichen Szenenanalyse auseinander. Zu Beginn des ersten Bandes leiste ich aber noch etwas Vorarbeit, sodass es gelingen kann, Panems Vorgeschichte und die mythologischen Hintergründe von Collins Werk zu verstehen.

Im dritten Teil bemühe ich mich um eine zeitgenössische Einordnung in Form von Essays, in der ich auch gezielt Themen und Menschheitsfragen unserer Zeit beleuchte.

Abschließend setze ich mich im vierten Band intensiv mit dem biographischen Charakter von Präsident Coriolanus Snow auseinander.

Der Leser hat einen Anspruch an mich als Autor, dass ich ihm ein gelungenes Werk anbiete. Aber ebenso habe ich auch als Autor einen Anspruch an den Leser, sich auf eben dieses Werk offen einlassen zu können. Um diese Bereitschaft möchte ich bitten.

Ich wünsche viel Freude und Erkenntnisgewinn beim Lesen,

Joshua Beck, April 2021

Vorwort zum vierten Band

In diesem vierten und letzten Band der Hauptreihe aus meinem *Snowfall-Zyklus* wende ich mich einer biographischen Betrachtung von Präsident Coriolanus Snow zu. Was war er für ein Mensch? Wie lebte er? Was prägte ihn? Wie wurde er zu dem, was er war? Woher nahm er seinen Antrieb? Das Böse sieht nicht immer so aus, wie wir es uns vorstellen, und zugleich ist etwas Gutes in jedem Menschen.

Weiterhin möchte ich zum Abschluss meines – den erweiternden Band miteingerechnet – fünfbändigen Snowfall-Zyklus ein Resümee ziehen und die Entstehungsgeschichte Revue passieren lassen. Dem Leser möchte ich noch einige Gedanken und Anekdoten zum Schreibprozess an diesem Buchprojekt mitgeben, ebenso wie Gedanken über das Leben in einer freien und demokratischen Welt in Form eines Essays im Anhang.

Da ich Suzanne Collins Geschichte der *Tribute von Panem* als das bedeutendste Werk seit Goethes *Faust* in der Kulturgeschichte bezeichnet habe, habe ich im Anhang einen pointierten Beitrag zu Goethes *Faust* beigefügt.

J.B., Oktober 2021

Proömium

Mythen und Legenden.
 Es gibt die verschiedensten unter ihnen,
 glaubwürdige und unglaubwürdige,
 wahre und unwahre,
 sie erzählen von Helden und von Monstern,
 von Wohltat und Untat,
 von Sieg und Niederlage.
 Allen gemein ist eine tiefere Botschaft, eine metaphorische Art und Weise, eine Lebensweisheit zu überliefern.
 Manche Mythen kreieren sich von selbst. Legenden sind nicht zuletzt deswegen legendär, weil sie sich selbst zu Legenden gemacht haben.
 Wieder andere Mythen werden erschaffen, von Menschen erdacht. Ihnen entbehrt dennoch nicht jede historische Grundlage.
 Der erschaffene Mythos mag eine fiktive Erzählung zum Gegenstand haben. Doch das, was Menschen denken, kann und darf niemals außerhalb des Zeitgeistes betrachtet werden.
 Ein Mensch ist nämlich niemals ein Individuum allein, wie Sartre einmal schrieb. Man sollte ihn besser ein einzelnes Allgemeines nennen. Er ist kulturell, wie auch seine Gedanken, vom gemeinschaftlichen Geist, vom vorherrschenden kollektiven Bewusstsein vorgeprägt.
 Wenn also nun ein Mensch einen Mythos propagiert, so mag dieser nicht historisch sein. Doch können wir viel über den Menschen und seine Zeit lernen, in der er lebte.
 Durch den Mythos öffnet sich ein Fenster in die Vergangenheit. Der Mythos ist, als solcher richtig betrachtet und nicht als historischer Tatsachenbericht missverstanden, etwas *Wahres*.
 Der Mythos, oder vielmehr die intensive, kritische Auseinandersetzung mit diesem, *tradiert* eine tiefere Wahrheit. Er

tradiert ihn, seine Übermittlung wird Tradition, einer Religion gleichsam.

Aus diesem Grunde sah ich mich dazu veranlasst, mich meinen Parallelbiographien zuzuwenden. Sie erzählen nicht das historische Leben der einzelnen Allgemeinheiten in korrekter Weise; sie überliefern eine Wahrheit über die Verhältnisse und das Denken aus der Zeit, aus der sie berichten.

Einem Mythos, dem ich mich hier zuwenden möchte, ist der des Lebens des Coriolanus. Einige frühe Quellen berichten von ihm als historische Persönlichkeit, erst spätere stellen dies in Frage.

Für mich soll es aber gleich sein, ob historisch oder erschaffen – Coriolanus Mythos ist eine wahre Geschichte über Brot und Tod.

Plutarch

1. Über das Böse, Monster und Despoten

»Die Feinde der Menschheit haben rapid an Macht gewonnen, sie sind dem Endziel der Zerstörung der Erde sehr nahe gekommen, es ist unmöglich, von ihnen abzusehen und sich auf die Betrachtung geistiger Vorbilder allein zurückzuziehen, die uns noch etwas zu bedeuten haben.«

– Elias Canetti, *Das Gewissen der Worte*

»In Zeiten des Umbruchs, wenn das Alte schon fault und das Neue noch hinter dem Horizont liegt, schlägt die Stunde der Monster.«[1] Monster sind wie Spiegelbilder, die dem ambivalenten und wandelbaren Wesen des Menschen historisch und kulturell variierende Entwürfe des Seins aufzeigen von dem Lebensbejahenden, das wir *das Gute* nennen, bis zum Lebensverneinenden, was wir als *das Böse* verstehen.

Losgelöst von einer entschieden dualistisch geprägten Vorstellung ist das Böse kein Prinzip an sich, vielmehr sinkt es geradezu zu einer Unterfunktion des Guten herab, von diesem lizensiert, um sich selbst zu erneuern. Manchmal ist die Destruktivität die konstruktivste Form der Kreativität, denn erst durch das restlose Zerschlagen der alten Ordnung ergibt sich die Chance auf den Neuaufbau einer besseren Ordnung.

Die alte Ordnung jedoch konsequent hinter sich zu lassen, bedeutet keineswegs, die Dinge an sich zu vernichten. Vielmehr geht es darum, wie eben diese Dinge zu einander stehen oder gestanden haben.

Ist eine Wasserleitung kaputt, so muss das entsprechende Stück des Rohres ausgetauscht werden. Dazu muss möglicherweise eine Wand eingerissen werden, um das Wasserrohr freizulegen. Jedoch gleich eine ganze Stadt in Schutt und Asche zu legen und so dem Erdboden gleichzumachen, ist ein Akt, welcher in seiner Destruktivität derart nicht erforderlich ist. Es gilt also, den Kräften der Destruktivität klug und kanalisiert Wirkung zu verschaffen.

Mit Revolutionen verhält es sich so, dass die primären Haupteffekte unseres Handelns nicht selten nur billigend in Kauf genommen werden; vielmehr interessieren uns die vermeintlichen Nebeneffekte, besonders gewisse von diesen, an denen wir weiter anzuknüpfen vermögen.

Die Motive unseres Handelns sind nicht selten vielfältiger, ja ambivalenter Natur. Es gibt solche, die wir bewusst beabsichtigen; solche, die wir unbewusst verfolgen; und dann gibt es noch solche Motive, die selbst unserem Unterbewussten unbewusst sind, denn sie gehen weit zurück auf die Geschichte unserer Ahnen, welche als unsichtbare Masse weiterhin ein Teil unserer eigenen Massenseele sind.

Die Geschichte lässt sich nicht planen; sie ergibt sich aus einem Zusammenspiel des Zufälligen und des Unvorhersehbaren, doch kann nicht ausgeschlossen werden, dass es Kräfte gibt, die den Zufall nicht dem »reinen Zufall« zu überlassen gewillt sind. Die Geschichte vom Leben ist eine vom Entstehen und Vergehen. Und in Zeiten, wo das Alte zu modern beginnt, das Neue aber noch hinter den Bergen liegt, schlägt die Stunde der Monster.

Warum erfreut sich das Motiv des Monsters in Medien so großer Aufmerksamkeit? Was ist das Abstoßende an Monstern und Tyrannen, was zugleich faszinierend wirkt?

Schmitz-Emans stellt fest, dass wir schon seit Kindertagen von Monstern umgeben seien, genauer: von deren Motiven.[2] Sie sind auch in der Unterhaltungsindustrie weit verbreitet. Das Monster kann wie das Krümelmonster humoristisch und sympathisch akzentuiert oder aber auch wie ein grausamer Gewaltverbrecher schier unmenschlich gestaltet sein.

Um sich der Frage zu nähern, weshalb gerade dieses Motiv nun also so beliebt ist, stellt Schmitz-Emans fest, dass die lateinische Wortherkunft des Monstrums (von lat. *monstrare* = zeigen) etwas Zeigendes, ja Warnendes vermittelt. In der Antike hatten Monster den Charakter von Mahnzeichen, wobei sie in der ihnen unverwechselbaren Ambiguität das Wunderbare mit dem Schreckenerregenden verbunden haben.

Schmitz-Emans zufolge habe sich dies bis heute erhalten: Monster der Imagination, die das Seltsame verkörpern, und körperlich identifizierbare Monster, Individuen, die die Grenzen zwischen Mensch und Tier oder Mensch und Maschine verschwimmen lassen.

Das Monster als eine Gestalt, welche ihre ursprüngliche Herkunft negiert. Monster stehen also für Abweichungen, Abweichungen von der Norm oder stellen eine gesellschaftliche Norm in Frage. Idealbilder existieren allein in Vorstellungen, und monströse Gestalten erinnern an ihre Realitätsferne.

Imaginierte und empirische Monster gehen aber auch allerlei Verbindungen ein. Als Beleg für diese These führt Schmitz-Emans antike Reiseberichte oder Erzählungen über exotische Völker wie auch sagenumwobene Wesen an. Hierbei handle es sich um Zwischenwesen, um »Hybride«. Schmitz-Emans erkennt also richtig, dass die Variationen des Monster-Seins sich unterscheiden können, jedoch sein eigentlich prägnantestes Merkmal das Aufheben von Grenzen zwischen diesen ist. Dies ist es, was das Monster als solches kennzeichnet.

Dabei können Monster wunderlich sein und einen Unterhaltungswert darstellen, so etwa der mittelalterliche Hofnarr, aber auch mahnen, etwa vor der Bedrohung für das soziale Leben durch Verbrecher. Psyche und Physis gehen im Hinblick auf die Merkmale des Monsters auch hier Verbindungen ein. Für Michel Foucault wurde das Monster der Körperlichkeit in der Moderne vom *monstre morale*, dem moralischen Monster abgelöst. Darunter versteht Foucault etwa den Kannibalen oder den Inzestuösen. Zwar verschwinden physische Monster nicht, doch moralischen Monstern wird bei weitem mehr Aufmerksamkeit geschenkt.

Monster sind Spiegelbilder »des Menschen durch den Menschen für den Menschen«. Das Motiv des Monsters unterhält, warnt oder beides zugleich. Der Mensch sucht sich selbst und bedient sich hierbei einer Abgrenzung durch das Monster-Motiv. Diese Abgrenzung scheitert Schmitz-Emans zufolge jedoch, vielmehr erkenne der Mensch im Motiv des Monsters seine eigene Vielgestalt und Wandelbarkeit. Der Mensch ist somit selbst eine zumindest in ihren Grundzügen monsterhafte Gestalt.

Schmitz-Emans hat versucht eine Definition für das Motiv des Monsters zu finden, seine zugrundeliegendes Aussageabsicht und seine Wirkungsgeschichte zu umreißen. Doch weshalb können sich Monster in Literatur und Medien solch immenser Popularität erfreuen?

Dass dies so ist, zeigen nicht zuletzt Filme und Serien wie *Der Herr der Ringe*, *Game of Thrones* oder *Harry Potter*. Monströsen Gestalten kommt hier die Funktion von Bedrohung und Gefahr zu, sie sollen den Zuschauer ekeln und faszinieren zugleich. Es handelt sich hierbei um imaginative Monster.

ALF hat zum Gegenstand, wie es sein könnte, wenn ein sympathischer, tollpatschiger Außerirdischer bei einer amerikanischen Durchschnittsfamilie eine Weile zur Niederlassung käme. Alf ist hierbei eben humoristisch akzentuiert, seine Gestalt soll unterhalten, den Zuschauer zum Lachen bringen. Auch Puppen, wie die des Bauchredners Sascha Grammel, sollen dies: Sie sind niedlich und symphytisch.

Im Film *E.T.* hingegen verbindet sich Sympathie aber auch ein gewisses Ekelempfinden. Dieser Ekel besteht hierbei in dem Fremdartigen, dem Ungewohnten. E.T. sieht Alf in keiner Weise ähnlich; es handelt sich bei beiden um imaginative Gestalten.

Wir nehmen heute an, und das mit verhältnismäßig hoher Wahrscheinlichkeit, dass es in unserem Universum auch auf anderen Planeten, nicht nur auf der Erde Leben, also extraterrestrisches Leben gibt, jedoch müssen wir uns trotz unseres in vielerlei Hinsicht enormen Wissens über die Evolution ein-gestehen, dass wir nicht wissen, wie diese Lebensformen aussehen könnten. Vielmehr stellt sich die Frage, ob wir außerirdisches Leben überhaupt als solches erkennen können. Man kann sich so etwa vorstellen, das eine klebrige Schleimschicht auf einem Felsen zäh herabfließt. Diese Lebensformen, welche sich von verklebten Fliegen ernährt und durch einen Luftaustausch atmungsaktiv ist, würden wir als etwas Ekelhaftes verstehen, nicht jedoch als Lebensform.

Monster wie Fabelwesen, also Elfen, Trolle, Einhörner oder Drachen, sind Hybride, wenngleich auch nicht solche wie *Spiderman*, *Superman*, *X-Man* oder *Wolverine*. Es sind keine Hybride, welche Mensch mit Natur oder Maschine verbinden, sondern solche, die zwar imaginiert sind, zugleich aber auch einer fundierten Erfahrungsgrundlage entspringen: ein Einhorn etwa soll wohl Ähnlichkeiten mit einem Pferd haben, nur muss es noch »irgendwie« ein Horn mit sich tragen. *Pegasus* kann darüber hinaus auch noch fliegen. Hier wird die Fantasie angeregt.

Man stelle sich vor, ein Mitteleuropäer käme von einer Reise durch Afrika zurück, wo er zum allerersten Mal ein Nashorn sah. Jemand, der diese Reise nicht machen konnte, hat das Nashorn niemals *in natura* sehen können; seine Vorstellungen basieren also ausschließlich auf einem Reisebericht. Das Ergebnis war Albrecht Dürers Gemälde *Rhinocerus*.

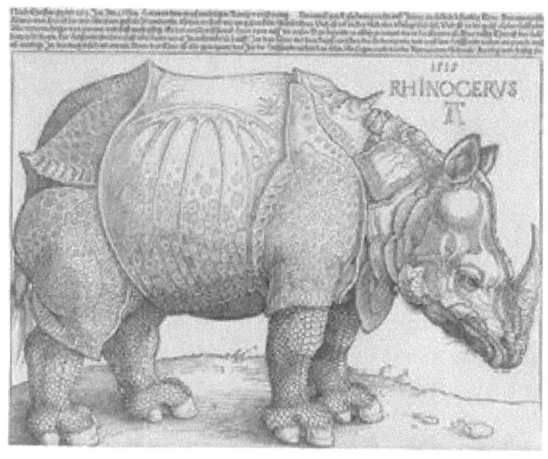

Albrecht Dürer: *Rhinocerus*, 1515[3]

Und auch in der Paläontologie kehrt dieses Motiv wieder: Wie sahen sie aus? Wie waren sie, diese *Global Player* des Erdmittelalters, die wir »Dinosaurier« nennen? Ein Iguanodon oder ein Triceratops sind merkwürdig anmutende Gestalten. Riesenfaultiere oder Terrorvögel ebenfalls. Was uns an diesem prähistorischen Leben neben dem fasziniert, ist die uns nicht mit heute Beobachtbarem vergleichbare Größe dieser Kreaturen. King Kong, der mit drei Tyrannosaurus-Rex kämpft, hat etwas Erschreckendes, Gewaltiges, der Kampf etwas Episches.

Denkt man an *Jurassic Park* oder *Jurassic World*, so kommt dem Monster-Motiv nicht nur ein Unterhaltungswert zu, sondern auch eine mahnende Funktion. Der Hybrid, ein Geschöpf von Super-T-Rex, ist das Mahnzeichen schlechthin. Wer oder was das Monster ist liegt auch im Auge des Betrachters, so ist für eine Maus bereits eine Katze ein Monster.

Die Menschen, konstatiert der Schöpfer dieses Design-Monstrums, sind es eben nur gewohnt, die Katze zu sein. Im ersten Teil der Filmreihe heißt es sinngemäß: »Gott erschuf die Dinosaurier. Um Adam und Eva zu schaffen, tötete er die Dinosaurier. Der Mensch tötete Gott, und erweckte die Dinosaurier wieder zum Leben...«

Es wird gewarnt vor dem Menschen. Der Mensch, welcher »Gott« spielt und seiner Dinge nicht mehr Herr wird, ist das Motiv. Egal, ob es um Genetik, Atomphysik oder die Globalisierung geht: der Mensch, das Monster der Moderne, das sich selbst und die Welt zerstört, das ist das zentrale Motiv. Schon Friedrich Nietzsches *Zarathustra* lehrte diesen Übermenschen, seinen Willen zur Macht. Goethes *Faust* zeigt den Menschen, der nach der Allerkenntnis strebt, aber auch sich der Kontrolle über die Natur bemächtigen will. Hermann Melvilles *Moby Dick* ist ein Motiv für die Unbeherrschbarkeit der Natur, und Kapitän Ahab für den Gescheiterten; er ist gescheitert an seinem eigenen Streben und Machtverlangen.

Franz Kafkas eigentümliche und unverwechselbare Weise des Schreibens, wie das Surreale in den Alltag einbricht, ist auch in gewisser Weise monsterhaft. In *Die Verwandlung* verpesten, so der Kafka-Biograph Reiner Stach, vorkapitalistische Arbeitsverhältnisse die Atmosphäre. Gregor Samsa findet sich zu einem Käfer verwandelt in seinem Bett wieder. Er ist ein Hybrid, er verbindet den Menschen mit der Natur, dem Animalischen. Zugleich ist Gregors Käfergestalt aber auch vielmehr eine Warnung vor einer ausbeuterischen, ja unmenschlichen Arbeitswelt. Seine Wandlung kann gelesen werden als Flucht in die Krankheit als letzter Ausweg.

Und hier ist es wieder, das »Unmoralische«. Wir leben in der Moderne, in einer Zeit, in der technisch alles möglich scheint, in der der Mensch von Informationen erdrückt wird, in der alles global und immer schneller und schneller geschehen muss – die soziale, moralische Entwicklung, die Individualität, ja Integrität des prinzipiell freien Individuums bleibt auf der Strecke.

Monster-Motive sollen unterhalten, faszinieren, unsere Fantasie anregen, aber eben auch warnen. Foucault hat zurecht erkannt, dass besonders das *monstre morale*, das in eben dieser Moderne entsteht, eine warnende Funktion einnimmt.

Das *monstre morale* ist das Monster-Motiv der Moderne schlechthin – gewiss liegt auch hier ein Mitgrund für den Erfolg etwa Patrick Süskinds Roman *Das Parfum*. Ein Mensch, ein Individuum, eigentümlich auf seine Weise, ja autistoid, doch genial zugleich, erfährt zeitlebens die Gesellschaft als kalt, als unmenschlich. Sein Streben gründet sich auf Rache, Vergeltung, Hass und Ideologie. Er will herrschen. Grenouille ist der Messias, das kranke psychotisch-schizoide Monstrum, und doch ein gescheitertes Genie. Die Vernunft versagt angesichts dunkler Kräfte; diese machen aus einem Menschen ein Monstrum.

Schon in der Romantik faszinierte dies. E.T.A. Hoffmanns Werk, nach Schopenhauer eine Sammlung an Schauergeschichten, ist ein Sammelsurium an Begegnungen mit solchen dunklen Mächten und dunklen Geistern.

Die Faszination besteht in dem Schock, dem Schrecken, doch zugleich hat man das Bedürfnis nach Verständnis. Und so warnen soziale Dystopien vor einem nur allzu mächtigen, ja omnipräsenten *monstre morale*. Der Mensch sieht sich gewarnt, in dem er mit dem Spiegelbild all seiner ihm innewohnenden, unmoralischen Persönlichkeitselemente konfrontiert wird, und ist davon fasziniert zugleich.

Der Mensch, ein Wesen, das nach Macht und Kontrolle strebt, so Zarathustra bei Nietzsche – mit Blick auf die politische Dimension der Tage, auf Trump, Bolsonaro, Erdogan, Xi oder Putin, so erscheint vor allem das monströse Motiv eines Individuums, welches seine »einfache« Herkunft negiert und nach der Alleinherrschaft, der Allmacht strebt, real geworden zu sein.

Schon Shakespeares Coriolanus fasziniert als unmoralisches Monster. Zu antiken Zeiten, so will es der Mythos, ein römischer Feldherr, der sich gegen sein Volk stemmte, seither immer wieder als Verräter interpretativ aufgegriffen wird, diente nicht nur einem gleichnamigen Film als Grundlage, sondern er herrscht auch in Suzanne Collins Dystopie eines zukünftigen Nordamerikas repressiv und unnachgiebig als Präsident von Panem.

Für ihn sind die Hungerspiele das kulturelle Herz Panems, und diese sind die Verkörperung des Unmoralischen, vereinen sie doch Gladiatorenkämpfe mit Big-Brother-TV und dienen lediglich der Unterdrückung des Volkes durch eine Oligarchie der Privilegierten. Das Kapitol, ein wahres Monster, verkörpert einen willkürlichen Staat. Mit Blick auf Nordkorea, Syrien oder andere diktatorische Regime der Geschichte, so darf zurecht gefragt werden, weshalb Menschen immer wieder derart machtbegierig sind oder werden (können).

Es ist die vielschichtige, teilweise sich in sich selbst mit sich selbst ausschließende Funktion des Monster-Motivs, welches geistigen Tiefgang, aber auch simple Faszination miteinander verbindet und so eines der ausdrucksstärksten und eindringlichsten Motive ist, die medial hervorgebracht werden können. Daher ist das Monster-Motiv so populär.

Auch ich bin fasziniert und verspürte einen inneren Drang, mich besonders mit Collins Dystopie näher zu beschäftigen. Seit dem Erscheinen des ersten Buches im Jahre 2008 zog Panem auch viele andere Millionen Leser und Kinozuschauer in seinen Bann. Wann immer ich eine Seite lese oder einen der Filme schaue, so habe ich das Gefühl, immer wieder neue Facetten zu entdecken, die mir bisher entgangen sind. Facetten, die für etwas stehen, die etwas aussagen, die »den Spielen Bedeutung verleihen«.

April 2017, überarbeitet

2. Coriolanus in Geschichte und Literatur

Die antike Legende

Der Sage nach war der Patrizier Gnaeus Marcius Coriolanus, auch Gaius Marcius Coriolanus – kurz: Coriolan – ein römischer Feldherr, der zwischen 527 und 488 v.Chr. in Antium bei Rom lebte. Sein Stolz und sein Starrsinn sollten zu Auseinandersetzungen mit den Plebejern führen. Verbannt aus Rom führte er Krieg gegen seine eigene Heimatstadt, den er erst auf Bitten seiner Mutter abbrach.

Die wohl bekannteste Bearbeitung dieser Legende stammt von Shakespeare durch dessen Tragödie *Coriolanus*. Vorlage für andere Coriolan-Dramen ist die Coriolan-Biografie von Plutarch, einem antiken griechischen Schriftsteller. Plutarch, der zur Hochzeit des Römischen Imperiums lebte und »dem man weder Kriegslust noch Blutdurst nachsagen kann, [ist einer] der humansten Geister, die die Menschheit hervorgebracht hat«,[4] zeichnete sich durch umfassende Bildung und Gelehrsamkeit aus. Von ihm stammt die moralische Abhandlung *moralia*, aber auch die Parallelbiographien, in denen er elf Römer und elf Griechen jeweils gegenüberstellte, deren Leben Ähnlichkeiten aufwiesen. Er befasste sich mit mystischen Staatsmännern und herausragenden Persönlichkeiten und war bestrebt in seinen Bearbeitungen moralisch pädagogische Zwecke dramaturgisch aufzubereiten.

Im 19. Jahrhundert wurde erstmals die historische Existenz von Coriolanus angezweifelt. Aufgrund einer ganzen Reihe von Ungereimtheiten betrachtet die Coriolanus-Forschung die Figur heute als fiktiv, ja als Fälschung einer Familiengeschichte. Machiavelli hingegen erwähnt ihn im 16. Jahrhundert in seiner Schrift *Vom Staate* immer wieder und versteht ihn offenbar als historische Persönlichkeit.

Plutarch beschreibt Coriolanus als stolzen und klugen Patrizier und einen Krieger, der in seiner Jugend zur Freude seiner Mutter, nicht jedoch des Ruhmes wegen kämpfte. Er war ein vortrefflicher Redner. Seinen Beinamen Coriolanus erhielt er wegen seiner außergewöhnlichen Tapferkeit beim Eroberungskampf der volkskischen Stadt Corioli, die eingenommen werden konnte.

Coriolanus wurde dadurch berühmt und beliebt, sodass er selbstbewusst zur Wahl zum römischen Konsul antrat, aber da er besonders stolz auf seine patrizische Herkunft war und die neuen Ämter der Plebejer, die Volkstribunen, ablehnte, versagten ihm die Plebejer die Unterstützung und die Wahl ging für ihn verloren.

Als entschiedener Gegner der Volkstribunen plädierte Coriolanus für deren Abschaffung. Man klagte ihn daraufhin wegen des Versuches zum Umsturz der Verfassung und der Aufhetzung des Senats gegen die Plebejer an. Von den Volkstribunen zum Tode verurteilt, wurde seine Strafe durch den Senat in Verhandlungen schließlich auf ewige Landesverweisung festgesetzt.

Aus Rache wandte sich Coriolanus seinen engsten Feinden, den Volskern zu. Mit ihnen verbündete er sich zum gemeinsamen Krieg gegen seine Heimatstadt Rom. Im Angesicht der Bedrohung Roms forderten die Plebejer schließlich die Aufhebung der Verweisung von Coriolanus. Nach anfänglicher Weigerung des Senats sandte dieser schließlich einen Boten zu Coriolanus, um über die Beilegung des Krieges und der Sicherstellung des Friedens sowie seine Rückkehr nach Rom zu verhandeln.

Drei Gesandtschaften erlitten jedoch nur Misserfolg. Coriolanus Frau und seine Mutter zogen aus Rom zu Coriolanus Heereslager, um ihn von der Beilegung des Konflikts zu überzeugen. Seine Mutter drohte sogar mit Selbstmord und seine Frau warf sich samt seiner Kinder vor ihn nieder, sodass er diese Bitte nicht abschlagen konnte. Coriolanus fiel bitterlich weinend vor seiner Mutter auf die Knie und gab den Krieg auf. Die Volsker selbst warfen ihm daraufhin Verrat vor und ermordeten ihn auf einer Volksversammlung in Antium.

Shakespeares Coriolanus

Coriolanus wurde über die Jahrhunderte immer wieder als Verräter, unbeherrschbarer und mutiger Krieger, als Klassenfeind und als unvernünftig interpretiert. Er vertrat den Anspruch des Absoluten, aber er war auch treu und ein selbstloser Sohn. Er verschrieb sich höheren Zielen und wurde Opfer politischer Verhältnisse. Er war auch ein Außenseiter.

Shakespeares Drama *Coriolanus*, zu Beginn des 17. Jahrhunderts entstanden, ist inhaltlich an den Quellen Plutarchs orientiert. So verwundert die inhaltliche Übereinstimmung zur antiken Legende wenig. In gewisser Weise verlieh Shakespeare so der Legende einen mythischen Charakter. *Coriolanus* gehört mit *Julius Cäsar* und *Antonius und Kleopatra* zu den Römerdramen von Shakespeare und ist das letzte und reifste dieser Stücke.

Shakespeare selbst ließ sein ganzes dramaturgisches Gespür in das Stück einfließen. Es ist ein Familiendrama, es ist ein menschliches Drama, es ist ein Staatsdrama, es ist eine tragische Geschichte im Kleinen, welche zum Großen anzuschwellen bestrebt ist.

Die Verfilmung von Shakespeares Drama aus dem Jahr 2011 mit Ralf Finnes – der Coriolanus damals schon seit zehn Jahren auf der Bühne spielte und konsequenterweise auch im Film Cajus Martius Coriolanus verkörpert – und Gerard Butler als Tullus Auffidius, treibt dieses Drama auf die Spitze. Der Film, dessen Sprache sich durchaus stark an Shakespeares Sprachduktus der Originalvorlage orientiert und damit mehr einer Theateraufführung gleichkommt als einem zeitgemäßen Film, macht es dem Zuschauer der heutigen Zeit zwar schwerer, den Dialogen zu folgen, bewahrt so aber den traditionellen Charakter von Shakespeares Drama.

Anders als in Shakespeares Drama begeht der Senator Menenius, welcher Coriolanus nicht vom Einlenken überzeugen konnte, nach seiner Feststellung – »Dieser Martius ist zu einem Drachen erwachsen. Er hat Flügel. Er ist mehr als ein kriechendes Geschöpf« – in höchster Verzweiflung und vollkommener Hilflosigkeit angesichts des unaufhaltsam sich aufbäumenden Krieges Selbstmord. Es ist die Übersteigerung, die Überholung des ohnehin schon Dramatischen. Das Dramatische wird geradezu »total«.

Finnes, der auch Regie bei der Produktion des Filmes geführt hat, gibt Shakespeares Drama eine eigene Interpretation. Es wird zu einem Historiendrama, welches in das 21. Jahrhundert verlegt wird. Auch die Wahl der Drehorte der Kriegsszenen, nämlich im vom Krieg gezeichneten Belgrad in Serbien, ist eine kluge, da ausdrucksstarke Wahl. Das Stück von Shakespeare wird, so konservativ die Dialoge auch erscheinen, dadurch modern, dass sich schon allein Graffitis an Gebäuden und Straßen finden lässt. Auch moderne Medien, besonders das Fernsehen, spielen eine wichtige Rolle bei dem Modernisierungsversuch der Tragödie.

Zu Beginn des Filmes schreitet Coriolanus als Militärbefehlshaber gegen einen auflaufenden Mob von Plebejern ein, der das Korn- und Getreidelager zu stürmen versucht, das von den Patriziern kontrolliert wird und sich im Stadtzentrum eines Ortes befindet, »der sich selbst Rom nennt« und damit überall auf der Welt sein könnte. Auch bei Machiavelli ist beschrieben, dass Coriolan während einer Hungernot in Rom das Volk züchtigen und entmachten wollte. Getreide sollte nicht ausgeteilt, sondern das Volk hungern gelassen werden.[5] In dieser Szene offenbart sich die vollkommene Verachtung Coriolanus gegenüber den Plebejern Er spricht zu der Menge:

»Was gibt es, streitsüchtiges Gesindel, die ihr das bisschen eurer Meinung solange kratzt, bis ihr schließlich zu Schorf werdet (.) Was verlangt ihr, ihr Hunde, die Krieg nicht wollen noch Frieden, der eine schreckt euch, der andere macht euch stolz. Wer euch vertraut, der wird Hasen finden, wo er auf Löwen hofft, wo Füchse Gänse. Wer Größe verdient, verdient auch euren Hass. Hängt euch.

Euch trauen? Jede Minute wechselt ihr die Meinung und nennt den nobel, den ihr eben hastet, den schlecht, der euer Abgott war. Was gibt es, dass ihr auf jedem Platz der Stadt gedrängt gegen den Senat euch empört, der allein nächst den Göttern euch in Ehrfurcht hält. Euch, die ihr euch sonst noch selbst auffräßet. Los, schert euch Heim ihr Überbleibsel.«

Eine Bürgerin spuckt in seine Richtung. Coriolanus blickt sich in der Menge um. Sie ist wie erstarrt, die Blicke uneinsichtig. Er begreift, dass man mit den Menschen nicht mehr reden kann, sie sind unerreichbar für ihn. Für Martius sind die Bürger wie Kinder, die ständig ihre Meinung wechseln. Der Mob organisierte sich kurz zuvor. Einer, der das Wort ergriff und so zum Mitanführer wurde, sprach:

Der Bürger: »Hört mich sprechen. Ihr seid alle entschlossen, lieber zu sterben als zu verhungern.«
Die Menge: »Entschlossen!«
Der Bürger: »Sehr gut. Ihr wisst, dass Gaius Martius der Hauptfeind des Volkes ist.«
Die Menge: »Das wissen wir!«
Eine andere Bürgerin: »Lasst uns ihn umbringen!«

Im weiteren Verlauf soll Coriolanus zum »ewigen Konsul« gewählt werden. Es ist Tradition, als Krieger und Soldat seine Wunden aus dem Kampf offen zu zeigen. Es soll gezeigt werden, dass man bereit ist und dies auch getan hat, sich für die Nation, das Vaterland, für das Wohle Roms für das Wohl der Patrizier, aber insbesondere auch für das Wohl der Plebejer, aufzuopfern. Coriolanus trägt schwere Narben aus Kämpfen davon. Er ist in der höchsten Staatsräson erzogen worden. So sagt seine Mutter Volumnia zu Coriolanus Frau Virgilia auf die Frage, was wäre, würde er in der Schlacht sterben:

»Dann wäre sein Nachruhm mein Sohn gewesen; in ihm hätte ich mein Geschlecht gesehn. Höre mein offenherziges Bekenntnis: Hätte ich zwölf Söhne, jeder meinem Herzen gleich lieb und keiner mir weniger teuer als dein und mein guter Marcius, ich wollte lieber elf für ihr Vaterland edel sterben sehn, als einen einzigen in wollüstigem Müßiggang schwelgen.«

Coriolanus Stolz und seine Verachtung gegenüber den Plebejern bewegen ihn jedoch dazu, sich dem Zeigen der Narben zu verweigern. Damit macht er sich bei den Plebejern unbeliebt, seine Wahl zum Konsul ist gefährdet.

Es gelingt ihm aber, die Zustimmung weiter Teile der Plebejer für sich zu gewinnen, nachdem er sie auf einem Markt besucht, für sich wirbt und von sich überzeugt. Doch diese Überzeugungskraft ist nur brüchig und von kurzer Dauer, denn die Tribunen, die seine Wahl zum Konsul verhindern wollen, da sie um ihren eigenen Einfluss in Rom fürchten, machen den Plebejern eindringlich klar, dass Coriolanus trotz seiner Bekundungen ihnen schlussendlich seine Narben *nicht* gezeigt hat. In der Folge wird Coriolanus nicht zum Konsul gewählt, sondern verstoßen. In einem Wutausbruch während einer öffentlichen Erklärung offenbart sich all sein Hass:

»Du schlechtes Hundepack, des Hauch ich hasse
Wie fauler Sümpfe Dunst, des Gunst mir teuer
Wie unbegrabner Männer totes Aas,
Das mir die Luft vergift't: ich banne dich!
Bleibt hier zurück mit euerm Unbestand;

Der schwächste Lärm mach euer Herz erbeben,
Eur Feind mit seines Helmbuschs Nicken fächle
Euch in Verzweiflung; die Gewalt habt immer,
Zu bannen eure Schützer, bis zuletzt
Eur stumpfer Sinn, der glaubt, erst wenn er fühlt,
Der nicht einmal euch selbst erhalten kann,
Stets Feind euch selbst, euch endlich unterwerfe
Als höchst verworfne Sklaven, einem Volk,
Das ohne Schwertstreich euch gewann. – So schmähend
Euch, eure Stadt, wend ich so meinen Rücken;
Noch anderswo gibts eine Welt.«

Finnes beschreibt Coriolanus als einen rauen Menschen, der
trotz aller Ablehnung seiner Mitmenschen zu seinen eigenen
Wahrheit steht. Am Ende wird Coriolanus von einem *Mann
des Krieges* zu einem *Botschafter des Friedens*.

Donald Sutherlands Brief aus dem Rosengarten

Lieber Gary Ross:

Macht. Darum geht es? Ja? Die Macht und die Kräfte, die von den mächtigen Männern und Bürokratien manipuliert werden, die versuchen, die Kontrolle und den Besitz dieser Macht zu erhalten?

Macht verübt Krieg und Unterdrückung, um sich zu erhalten, bis sie schließlich mit dem bürokratischen Gewicht ihrer selbst stürzt und in die Seiten der Geschichte einsinkt (außer in Texas), so dass Lektionen, die gelernt werden müssen, nicht gelernt werden.

Macht korrumpiert, und in vielen Fällen macht die absolute Macht einen richtig geil. Clinton, Chirac, Mao, Mitterrand.

Nicht so, denke ich, mit Coriolanus Snow. Seine Besessenheit, seine Leidenschaft, ist sein Rosengarten. Es gibt eine Rose namens Sterling Silver, sie hat die Farbe Lila, mit dem außergewöhnlich kraftvollsten Duft – unglaublich schön – Ich liebte es in den siebziger Jahren, als sie zum ersten Mal erschien. Sie haben seitdem viele Ableger daraus gemacht.

Ich wollte Dir erst schreiben, wenn ich die Trilogie gelesen hatte, und jetzt habe ich es. Also: Rosen sind von großer Bedeutung. Und Coriolanus Augen. Und sein Lächeln. Diese drei Elemente sind pulsierend und lebendig in Snow. Alles andere ist im Großen und Ganzen vollkommen still und schonungslos eingedämmt. Welche Freude sie [Katniss] ihm macht. Er kennt sie so perfekt. Nichts, absolut nichts, überrascht ihn. Er sieht und versteht alles. Er war höchst wahrscheinlich ein brillanter Mann, der dem Sirenengesang der Macht erlegen ist.

Wie wirst Du die in Katniss Kopf laufende innere Erzählung dramatisieren, die ihre Beziehung zum Präsidenten beschreibt und konsequent aktualisiert, die in ihrem Kopf allgegenwärtig ist? Mit allwissender Ruhe kennt er sie perfekt.

Sie weiß, dass er es tut, und sie weiß, dass er zu jedem notwendigen Ende gehen wird, um seine Macht zu erhalten, weil sie weiß, dass er glaubt, dass sie eine echte Bedrohung für seinen fragilen Einfluss auf seine Kontrolle über diese Macht ist. Sie ist gefährlicher als Johanna von Orléans.

Ihr Innendialog/Monolog definiert Snow. Es ist dieses alte Theaterstück Die riesengroße Rübe:* Man kann einen König nicht »spielen«, man braucht alle anderen auf der Bühne, die einander sagen, und deshalb zum Publikum, so etwas wie: »Da geht der König, ist er nicht ein Werk, wie böse, wie liebenswert, wie freundlich, wie grausam, wie brillant er ist!« Die Idee von ihm, die Definition von ihm, die Wahrnehmung des Publikums von ihm, wird in erster Linie durch die Beobachtungen anderer eingeprägt, und sobald diese Idee gesetzt ist, ist der Blick des Publikums auf den Charakter ziemlich unnachgiebig. Und im Fall von Snow kommt diese Definition natürlich von Katniss.

Das Böse sieht aus wie unser Verständnis der Geschichte der Männer, die wir betrachten. Es ist nicht das, was wir sehen: Es ist das, wozu wir geführt wurden zu glauben. So einfach ist das. Schau Dir das Gesicht von Ted Bundy an, bevor Du wusstest, was er tat, und nachdem Du es wusstest.

Snow sieht für die Menschen in Panems Kapitol nicht böse aus. Bundy sah nicht böse aus für diese Mädchen. Meine Frau und ich waren durch Colorado gefahren, als er dort aus dem Gefängnis flüchtete. Die Warnung des Autoradios war stetig. »Nimm keine jungen Männer auf. Der Geflohene sieht aus wie der schönste junge Mann, den man sich vorstellen kann«. Snows Bosheit zeigt sich in der Form der selbstgefällig selbstbewussten Bedrohung, die in seinen Augen immer

---

* »Rübe« ergibt in der wörtlichen Übersetzung wenig Sinn. Vielmehr nehme ich an, dass Sutherland hier auf Tolstois Kindertheaterstück Die riesengroße Rübe anspielt. Hier wird eine Rübe gehätschelt und gepflegt, sodass sie groß wird, so wie es mit dem König passiert, der von anderen »großgemacht« wird.

präsent ist. Seine entschlossene Stille. Hast du einen Film gesehen, den ich vor Jahren gemacht habe? »Das Auge der Nadel«. Dieser Kerl hatte etwas von dem, was ich suche.

Die Frau, die die Straße von uns in Brentwood lebte, kam vorbei, um meiner Frau eine Frage zu stellen, als meine Frau die Kinder in der Schule abließ. Diese Frau und ihr Mann hatten diesen Film in der Nacht zuvor gesehen und was sie wissen wollte, war, wie meine Frau mit jedem leben konnte, der einen so bösen Mann spielen konnte. Es führte zu einem amüsantes Abendessen oder zwei, aber ein Teil meiner Frau wundert sich noch immer.

Ich würde gerne mit Dir sprechen, wann immer Du eine Chance hast, so dass ich auf der gleichen Seite mit Dir sein kann.

Sie alle enden gleich. Willkommen in Florida, habe einen schönen Tag!

Donald

3. Präsident Coriolanus Snow

»Zeig mir deinen Garten, und ich sage dir, *was* du bist.«

– Alfred Austin

Präsident Coriolanus Snow[6]

Präludium: Weiße Rosen

»Die Farbigen sind wunderschön, aber nichts verkörpert Perfektion mehr als weiß.«

— Präsident Coriolanus Snow

Folgen wir den Worten des britischen Schriftstellers Austin, so muss man sich jemandes Garten betrachten, um zu verstehen, *was* jemand ist. »Was« könnte zunächst alles sein, besonders etwas Dingliches. Spricht man über einen Menschen, so kann man es auf seinen Charakter beziehen, also kann es verstanden werden als »*wer* jemand ist«. Gemeint ist also jemand, der einen Charakter *hat*, aber noch nicht ganz Mensch geworden *ist*. Das ist im Fall von Präsident Coriolanus Snow besonders zutreffend. Das Symbol der altehrwürdigen Familie Snow ist die Rose, noch dazu die weiße Rose.

In zweierlei Hinsicht ist die weiße Rose interessant. Zunächst ist die Rose ein Symbol. Rosen sind wie Macht. Rosen verkörpern Macht und symbolisieren den Anspruch auf *die* Macht durch denjenigen, der sie trägt. Mit der Rose ist ihrer Dornen wegen die Vorstellung des Schmerzes verbunden. Im Einzelnen ist sie wegen ihrer hinfälligen Kornblätter mit Vergänglichkeit und Tod, im Ganzen mit Unvergänglichkeit und Wiedergeburt assoziiert. Wer Rosen pflanzt und pflegt, der weiß um ihre zuweilen widerspenstigen Dornen und ihren starken Wachstumsdrang, aber auch um ihre kurze Blütendauer.

Dornröschen war von Rosen umrankt, als wollten die Rosen sie verspeisen wie fleischfressende Pflanzen es mit Fliegen und anderen Insekten tun. Das Umschlingen oder Verschlingen ist Ausdruck der Macht der Rosen. Die Dornen schützen sie vor der Gefahr, selbst gefressen zu werden. Rosen blühen wunderschön und sie sind bereit, alles zu tun, um diese Schönheit zu erhalten. Doch ihre eigene Vergänglichkeit ist unaufhaltbar.

Wem auch immer es also gelingt, Rosen zu bändigen und zu unterwerfen, der obsiegt über die Macht, die Macht der Natur und ist selbst mächtig. So verwundert es nicht, dass sich schon der Macht- und Herrschaftsanspruch der Könige von Versailles in prächtigen Rosengärten widerspiegelte.

Rote Rosen stehen für das Blut, weiße Rosen für das unantastbar Heilige. Es ist nicht zu erkennen, dass Snow *rassen-ideologisch* geprägt ist. Vielmehr kommt dem Weißen eine psychologische Bedeutung zu. Hermann Melville widmete der Farbe* Weiß in seinem epochalen Roman *Moby Dick* ein ganzes Kapitel. Melville schreibt:

»Obwohl Weiß in der Natur die Schönheit vieler Dinge adelt und erhöht, als teilte es ihnen besondere, ihm innewohnende Reinheit mit (.), obwohl verschiedene Völker ihm in mancher Hinsicht königlichen Vorrang vor allen anderen Farben zuerkennen (.), obwohl Weiß selbst in den tiefsten Mysterien der erhabensten Religionen das Sinnbild göttlicher Hoheit und Allmacht ist (.), trotz dieser tausend Verbindungen, durch die das Weiße sich allem zugesellt, was ruhmvoll und erhaben ist, lauert dennoch etwas schemenhaft Unfaßbares im tiefsten Sinn dieser Färbung, das die Seele mit panischen Schrecken überfällt, grausiger als die Röte des Blutes.

Dieses Unfaßbare ist die Ursache, warum die Vorstellung des Weißen, wenn es aus freundlicheren Beziehungen gelöst und mit etwas an sich Entsetzlichem gepaart erscheint, das Entsetzen bis zum höchsten Grade steigert. (.) Das gespenstische Weiß ist es, das stumm und starr uns anglotzt und ihnen die ihrem Wesen widersprechende, Abscheu sogar mehr als Schrecken erregende scheinbare Sanftheit verleiht.«[7]

---

* Streng genommen ist Weiß (wie auch Schwarz) keine Farbe. Weiß ergibt sich aus der Vereinigung aller Farben (Schwarz ergibt sich aus deren vollständigem Fehlen).

Die »Weißheit« des Präsidenten[8]

Der *Weiße Wal* eignet sich als »Kondensationspunkt aller möglichen realen wie eingebildeten Gefahren«.[9] Das Weiße lässt sich also auch ambiguen interpretieren. Collins präsidiale Figur findet dabei eine historische Folie.

Auch der turkmenische Präsident Gurbanguly Berdimuhamedow, dessen Lieblingsfarbe Weiß ist, zelebriert einen Personenkult um sich. Aller Reichtum ist in der Hauptstadt des Landes konzentriert, das übrige Land bettelarm. Der Präsident herrscht autoritär. Im Jahr 2015 ordnete er ein Importverbot für schwarze Wagen an. Drei Jahre später mussten alle Autos weiß umlackiert werden oder wurden abgeschleppt. Die offizielle Begründung war, dass dunkle Farbtöne für das Klima im subtropischen Wüstenstaat Turkmenistan verehrende Auswirkungen hätten.[10]

Das Weiße will nicht von unreinen Elementen beschmutzt werden. Es ist bereit, sich von diesen mit allen Mitteln zu entledigen. Um dieses Böse zu verdrängen, können Verbrechen geleugnet werden.

»Eine noch wirksamere Form der Verdrängung sind *Reaktionsbildungen*. (.) Jemand leugnet [die] Existenz [verdrängter triebe], indem er Charakterzüge entwickelt, die genau das Gegenteil darstellen. Ein Beispiel für diese Reaktionsbildung war [Hitlers] vegetarische Lebensweise. Nicht jede Art von vegetarischer Lebensweise hat diese Funktion. Aber bei Hitler war dies der Fall, was sich daraus ergibt, dass er erst nach dem Selbstmord seiner Nichte (.) kein Fleisch mehr aß. Sein ganzes damaliges Verhalten zeigt, dass er sich an ihrem Selbstmord stark mitschuldig fühlte. (.) Mit seiner Fleischabstinenz sühnte er seine Schuld und bewies sich, dass er nicht fähig war zu töten. [Es] dient dem Leugnen der Destruktivität.«[11]

Das Weiße, welches die Farbe des Friedens ist, des Heiligem, des Unschuldigen, des Unverschmutzten, lässt sich also auch verstehen als eine Art Verleumdung begangener Verbrechen und der eigenen Destruktivität. Am deutlichsten drückt sich dies in Snows weißen Duftrosen aus, welche er sich nach außen gut sichtbar ansteckt, um den Geruch von Blut aus seinem Mund und Rachen, aus seinem verborgenen Inneren zu überdecken. Snow leugnet seine Taten nicht. Er rechtfertigt sie durch den Glauben an eine höhere, größere Macht, die sein Handeln unabdingbar macht. Vielmehr *verdrängt* Snow seine Destruktivität.

Das Weiße ist nicht greifbar, es ist flüchtig. Man kann sich nicht einfach Verfügung darüber verschaffen. Die weißen Massen sind wunderschön, doch können sie alles unter sich lebendig begraben. Die von ihr überlagerte Welt wollen sie, so scheint es uns, niemals wieder hergeben. Sie frieren das Leben ein in einen tiefen Schlaf der Stabilität und der Unveränderlichkeit. Mit aller Macht unterdrücken sie jeden Fortschritt, jede Veränderung, jeden Versuch, sich ihrer habhaft zu werden.

Der allererste Schneefall in unserer Kindheit »war wie der Einbruch einer anderen Realität. Etwas Scheues, Seltenes, das uns besuchen kommt, das sich herabsenkt und die Welt um uns herum verwandelt, ohne unser Zutun, als unerwartetes Geschenk. Der Schneefall ist geradezu die Reinform einer Manifestation des Unverfügbaren: Wir können ihn nicht herstellen, nicht erzwingen, nicht einmal sicher vorherplanen, jedenfalls nicht über einen längeren Zeitraum hinweg. Und mehr noch: Wir können des Schnees nicht habhaft werden, ihn uns nicht aneignen: Wenn wir ihn in die Hand nehmen, zerrinnt er uns zwischen den Fingern, wenn wir ihn ins Haus holen, fließt er davon, und wenn wir ihn in die Tiefkühltruhe packen, hört er auf, Schnee zu sein.

Vielleicht sehnen sich eben deshalb so viele Menschen – nicht nur die Kinder – nach ihm, vor allem an Weihnachten. Viele Wochen im Voraus werden die Meteorologen bestürmt und bekniet: Wird es dieses Jahr weiß? Wie stehen die Chancen? Und natürlich fehlt es nicht an Versuchen, Schnee verfügbar zu machen: Wintersportorte werben mit Schneegarantie und präsentieren sich als ‹schneesicher›; sie helfen mit Schneekanonen nach und entwickeln Kunstschnee, der auch bei 15 Grad plus noch durchhält.«[12]

Doch dieses synthetisierte Etwas, von dem wir glauben wollen, dass es Schnee ist, hat nichts mehr mit diesem in seiner reinsten Urform gemein. Nur die Gewalt des Frühling kann die Welt von der Macht des Schnees befreien. Der Schnee ist wahrlich die »Manifestation des Unverfügbaren«, so wie sein Replikat als »Manifestation totaler Macht« die verzweifelten Versuche widerspiegelt, sich der Natur, der Welt und dem Kosmos habhaft zu werden, doch diese Macht ist nichts anderes als eine Illusion, die über eine eigentliche Ohnmacht gelegt ist, um sie zu verhüllen.

Macht und Ohnmacht

»Macht. Darum geht es? Ja? Die Macht und die Kräfte, die von den mächtigen Männern und Bürokratien manipuliert werden, die versuchen, die Kontrolle und den Besitz dieser Macht zu erhalten?

Die Macht verübt Krieg und Unterdrückung, um sich zu erhalten, bis sie schließlich mit dem bürokratischen Gewicht ihrer selbst stürzt und in die Seiten der Geschichte einsinkt.«

– Donald Sutherland

Präsident Snow in seinem Rosengarten[13]

Donald Sutherland sagte einmal, er halte Snow nicht für einen bösartigen Menschen: »He has to run a state« – Er hat einen Staat zu führen. Ein Staatswesen ist vor allem durch seine Gesellschaft geprägt. Und in Panem ist die Gesellschaft geprägt durch die Erfahrung der Ausrottung. Was es für ein Volk bedeutet, am Rande der völligen Auslöschung zu stehen, lässt sich nur schwer begreifbar machen.

Nein, ein solches Volk hat das Solidarische notwendigerweise ablegen müssen. Dauert eine Krise lange an, so werden Gerechtigkeit und Solidarität vergessen, ja geradezu abgestreift, so wie eine Schlange ihre alte Haut abstreift. Aber

Menschen sind soziale Wesen und so vergiften sich schlangenartige Gesellschaften selbst mit ihrem eigenen Gift.

Collins Schlangenmetapher für Snow hätte zutreffender nicht sein können. Ich bin begeistert von dieser literarischen Charakterisierung. Die Schlange ist nämlich noch aus einem anderen Grunde von herausragender Symbolik: ihr Gift. Gift ist listig. Aber bei Snows dezentem Auftreten erscheint mir der heimtückische Giftmord als ein *modus operandi*, wie ihn eigentlich ein Mensch verübt, der konfliktscheu ist; er scheut besonders den Konflikt mit sich selbst.

»Vermutungen anzustellen und spekulativ zu sichten, öffnet den Blick auf Atmosphäre, Umgangsformen und epochale Usancen* in Politik und Diplomatie. Alle Zonen der Machtgesellschaft liegen im Radius der Herrschaft des Verdachts; er wird nicht von subjektiven, im Individualpsychologischen wurzelnden Ängsten genährt, sondern von der selbstverständlichen Gewißheit einer allgegenwärtigen Bereitschaft, Kontrahenten zu eliminieren.

Mord ist politisches Mittel; durch das Gift ist man nicht auf brachiale Gewalt angewiesen, nicht auf Messer und Schwert, und es ist kein geschlechtstypisches Mittel: es erlaubt, die gesellschaftliche und höfische Contenance zu wahren. Giftkulturen waren im Körper des Widersachers anzusiedeln, während man stilsicheren Umgang mit ihm pflegte.

Der sozialen Konvenienz† konnte weiter so genüge getan werden wie den Gesetzen der Gastfreundschaft bis zur Schaustellung herzlichen Einvernehmens. Ob fulminant oder schleichend über Stunden, Tage, Wochen, Monate oder Jahre, Täter hatten gute Chancen, so unerkannt zu bleiben wie die Ursachen der Gebrechen, die sich nach und nach bei den Opfern einstellen konnten. Verglichen mit barbarischen Formen der Körperverletzung erscheint Gift als verfeinertes Mittel der politischen Kultur. Zu den Hütern der Giftkultur

---

* Brauch, Gepflogenheiten
† Übereinkunft

gehören Humanisten; ihr Arkanwissen umfaßt die Pflanzen–
und Körperkunde wie Alchemie und Astrologie. Giftwissen
ist Teil des Naturwissens, und die Grenzen zwischen Arznei
und Gift waren immer schon fließend.

Pharmakologisches Wissen ist Heil– und Mordwissen. Die
Nähe des Humanisten zur Politik war auch die Nähe der Politik zum Humanisten und zu seinem Wissen. Die Meister
des Logos können auch Meister des Pharmakon sein; die Politik instrumentalisierte im Cinquecento* das eine wie das andere, die einen wie die anderen. In die Ästhetik der Macht
fügt sich die Ästhetik der Politik; zu ihr gehört auch der
kunstvolle Mord.«[14]

Macht ist nichts Absolutes. Macht ist die Befähigung zum
Herrschen. Aber dies gelingt nur, wenn eine Anerkennung
und Legitimierung durch die Beherrschten gegeben ist.
Diese kann erzeugt werden durch Propaganda, aber auch er-
zwungen werden durch Repression, niemals jedoch durch
Gewalt. Es gibt die Gewalt nach außen, wie das Kapitol über
die Distrikte herrscht, und die Macht nach innen, die – in totalitären Regimen – von der herrschenden Machtelite auf den
dadurch legitimierten Machthabenden übertragen wird.

In Panem hat das Volk eine Erfahrung der Ausrottung erlebt. Mit dem Bürgerkrieg der Dunklen Tage gilt dies besonders für den jungen Coriolanus Snow. Snow wuchs im Bürgerkrieg der Dunklen Tage auf. Er erlebte die Schrecken des
Krieges, Hunger, Not und sah Kannibalismus in den zer-
bombten Straßen des Kapitols. Er erlebte eine Hilflosigkeit
seiner Familie und ihren finanziellen und gesellschaftlichen
Abstieg nach dem Krieg.

Panems Geschichtsverlauf schlägt janusartig diametrale
Wege ein. Während die Menschen in den Distrikten eine sogar verstärkte Unterdrückung und Bedrohung erfahren, also

---

* Hier: das 16. Jahrhundert in Italien

in ihrem Lebensalltag nach wie vor von der Todesangst verfolgt sind, so lösen sich die Menschen im Kapitol von eben dieser.

Die Abhängigkeitsverhältnisse innerhalb des Kapitols transformieren sich hin zu kapitalistischen Abhängigkeiten. In den Distrikten leben die Menschen in Verhältnissen, die vielleicht am ehesten vergleichbar sind mit denen des Dritten Standes im vorrevolutionären Frankreich. Im Kapitol etabliert sich zunehmend eine Mentalität der Dekadenz.

Das Kapitol ist das Herz, seine Speicher sind der Bauch Panems. Die Distrikte sind die Arme des Staates, um sich selbst mit Nahrung zu versorgen. Dieses Weltbild ist zutiefst in Snow verankert und ist aus staatsarchitektonischer Sichtweise für ein Volk, welches wieder zu Kräften gelangen musste, durchaus ein nachvollziehbar gewachsenes System.

Die Dekadenz der privilegierten Klasse im Kapitol wuchs jedoch rasch an. Anatole France schreibt in seiner *Insel der Pinguine* »über eine Gesellschaft, die sich technologisch immer weiter entwickelt, kulturell jedoch verkümmert, [über diese] herrscht eine Schicht von Plutokraten, deren einziges Ziel es ist, immer mehr Reichtümer anzuhäufen. Dieses Regime, ‹das auf die stärksten Pfeiler der menschlichen Natur gebaut war, auf Dünkel und auf Gier›, ruft jedoch eine Revolte von terroristischen Attentätern hervor, denen es gelingt, mit hochentwickelten Sprengstoffen Zerstörungen unvorstellbaren Ausmaßes anzurichten. Das Ergebnis ist, dass nicht nur die Zivilisation, sondern ebenfalls die Erinnerung an sie verschwindet. Die Geschichte hebt zu einem neuen Zyklus an, der in denselben Bahnen verlaufen wird.«[15]

Wie schon in der Gründungszeit, noch vor den Dunklen Tagen, spaltet sich Panems Volk insbesondere durch den Staatsvertrag, welcher ein Hochverratsvertrag ist, zunehmend in »Plebejer« und »Patrizier«. Kapitolisten verstrickten sich vielleicht schon vor dem Bürgerkrieg in kapitalistischen Abhängigkeiten, doch vor allem nach dem Bürgerkrieg, der auch das Kapitol in seinen Grundmauern zerstörte. Eine Gesellschaft, die keine Solidarität (mehr), sondern nur Konkurrenz kennt, überschlägt sich ohne es zu merken und zersetzt sich so von innen selbst.

Snow hat seine hohen Verdienste innerhalb des Kapitols, gewiss. Doch insofern hat er diese auch für die Distrikte, als dass er zu seiner Amtszeit immer auch ein Garant für ein Mindestmaß Rest an Hoffnung für die Unterdrückten war. Es ist aber auch keine Option für Snow, sich selbstbestimmt aus diesem System zurückzuziehen. Aus unterschiedlichen Gründen ist dies nicht denkbar.

Zunächst ist er geprägt durch eine Erfahrung der Vernichtung, im gesellschaftlichen und auch im persönlichen Sinne, nachdem seine Familie in Armut und Bedeutungslosigkeit versinkt und er als Friedenswächter nach Distrikt 12 entsandt wird. Wie Xi Jinping, der von der kommunistischen Führung zu harter Arbeit aufs Land geschickt wurde, und Wladimir Putin, der aus armen Verhältnissen kam und als Geheimdienstmitarbeiter die Ohnmacht im Angesicht der zerfallenden DDR und die Gleichgültigkeit Moskaus erlebte, ist Snow vom System verstoßen und hilflos zurückgelassen worden.

Snow ist bereit, alles zu tun, um sich selbst zu erhalten. Anders als die Rebellen, welche von Verzweiflung getrieben ideenlos schlichtweg das Bestehende stürzen wollen, verfolgt Snow eine eigene Agenda. Er hat einen Plan für seine Zukunft. Die Stabilität des Systems ist alles und ist sich selbst Selbstzweck. Snow verbindet in seiner eigenen Krise sein eigenes Schicksal untrennbar mit der Stabilität des Systems. Sein Weltbild ist geprägt von der Anschauung: Der Staat sind wir. Das System bin ich. Als eben dieses Brüche bekommt, sagt er zu Katniss: »Ich habe ein Problem, Miss Everdeen.«

»Der Fürst« Coriolanus Snow[16]

Snow wird oft als Machiavellist bezeichnet. Gewiss wird ihm
Niccolo Machiavellis *Il Principe* – Der Fürst – nicht unbekannt
geblieben sein. Machiavellis Werk, welches eine Art Lehrbuch für den Herrschenden ist, um seine Macht zu erhalten
und zu mehren, dieses Werk jedoch ist nicht idealisiert geschrieben, es beschreibt also, wie etwas *ist,* und nicht, wie etwas *sein soll.*

»Machiavelli ist geradezu zum Schimpfwort geworden.
Und heute noch wird das Wort *Machiavellismus* als der Inbegriff einer rücksichtslosen, sich über alle Gesetze nur nach
dem eigenen Interesse ausgerichteten Staatskunst ge-
braucht.«[17]

Machiavelli selbst war nie ein *Machiavellist* in des Wortes
diffamierenden Sinne.* Gegen die Politischen Erscheinun-
gen, welche wir heute mit Machiavellismus verbinden, gab

---

* Cathcart et Klein werfen sogar die Frage auf, ob Machiavellis
Schrift vom Fürsten eine Satire gewesen sei, da sie ganz und gar
nicht zu den übrigen Schriften aus seiner Feder passe und beziehen
sich dabei auch auf den Historiker Garrett Mattingly, der in seinem
Buch »The Prince: Political Science or Political Satire?« die These

Machiavelli selbst eine Art kleines Handbuch vor, Empfehlungen, für die Erhaltung einer freiheitlichen Demokratie:

- Vermeidung großer Unterschiede des Besitzstandes,
- Legale und begrenzte Amtsübertragung durch Wahlen,
- Ermöglichung von Anklagen zur Erhaltung der Freiheit und Ablenkung von gehässigen Leidenschaften,
- Vor allem aber: Ständige Verlebendigung des Verfassungsgeistes sowie die Errichtung eines wirksamen Systems von Wächtern der Freiheit, durch eine Balance der wichtigsten inneren Machtfaktoren.

All dies wusste Snow stets auszuhebeln und zu umschlängeln, wie eine Schlange sich um alle Hindernisse auf ihrem Weg ans Ziel zu winden weiß. Snow war, so Sutherland einmal, ein »sehr talentierter Politiker«, der es verstand, die Mechanismen der Macht zu durchschauen und sich durch das feine Netz, welches sie aufspannen, hindurch zu schlängeln und von Zeit zu Zeit seine Opfer heimtückisch zu erlegen. Er hatte auch keine Skrupel, selbst Verbündete zum Schweigen zu bringen, ehe sie eine Bedrohung für ihn wurden:

»Vor dieser Entdeckung der Verschwörungen durch Bosheit, Unvorsichtigkeit oder Leichtsinn kann man sich nicht hüten, sobald die Zahl der Mitwisser drei oder vier übersteigt. Werden auch nur zwei ertappt, so läßt sie sich nicht mehr verbergen, denn zwei können nie in all ihren Aussagen übereinstimmen. Wird aber nur einer ergriffen und ist er ein beherz-

---

vertritt, Machiavelli sei zu Unrecht in Verruf geraten. Machiavelli sei ein »Schaf im Wolfspelz« gewesen. (Cathcart et Klein: 185) Machiavelli schrieb so auch einmal, dass es ihm »angeboren ist, stets ohne Rücksicht alles zu tun, was nach [seiner] Ansicht dem Gemeinwohl nutzt (.)« (Machiavelli, Discorsi: 13) ter Mann, so kann er seine Mitverschworenen standhaft verschweigen. Diese müssen aber ebenso beherzt sein wie er, um unerschrocken zu bleiben und sich nicht durch die Flucht zu verraten. Denn verliert von den Gefangenen oder noch Freien nur einer den Mut, so kommt die Verschwörung heraus. (.)

Will man sich aber doch jemandem anvertrauen, dann nur einem einzigen, den man lange geprüft hat, oder den die gleichen Beweggründe treiben. Einen zu finden ist viel leichter als mehrere und darum weniger gefährlich. Gesetzt auch, er übte Verrat, so hat man immer noch ein Mittel, sich zu verteidigen, das es bei einer Mehrzahl von Verschworenen nicht gibt. Denn wenn man sich nur nicht verleiten läßt, etwas Schriftliches von sich zu geben, gilt das Ja des einen soviel wie das Nein des andern. Vor dem Schreiben aber muß sich jeder hüten wie vor einer Klippe, denn nichts überführt einen leichter als die Handschrift.«[18]

Snow selbst war, so Sutherland, ein brillanter Mann, der dem Sirenenlied der Macht erlag. Doch letztlich blieb er im Sinne von Büchners Fatalismusbrief eine Marionette diffuser und partikulärer Machtinteressen. Seine eigene Abhängigkeit von Panems Elite pendelte wie das Damoklesschwert stets über ihm und verband ihm die Hände, sodass es ihm unmöglich war, Veränderungen der Zustände herbeizuführen, selbst wenn er dies noch so sehr gewollt hätte.

Hätte Snow nicht dafür gesorgt, die Distrikte »auf Kurs« zu halten, so wäre seine Regentschaft alsbald am Ende gewesen und jemand anderes, der gut möglich weniger umsichtig gehandelt hätte, wäre ihm ins Amt gefolgt. Für die Aristokratie im antiken Roms verstand man unter Freiheit im republikanischen Sinne das Grundrecht zu herrschen. Caesar schnitt dieser Aristokratie durch seinen alleinigen Herrschaftsanspruch die Lebensader durch. In Folge stürzte er in gewisser Weise über seine eigene Hybris und Rom fiel erneut in präcäsarische Bürgerkriege. Was erwartet man von jemandem, der einen Staat zu führen hat?

Was erwartet man von jemandem, der ein großes Unternehmen zu führen hat? Jeder CEO ist dem Unternehmen und den Aktionären verpflichtet. Für diese Interessen hat er einzutreten, dies ist seine Aufgabe. Steht eine Firmenpolitik in der Kritik, so kann er das Problem nicht leicht umstoßen. Er würde selbst von der übrigen Unternehmensleitung umgestoßen, ein anderer als CEO ernannt werden und nichts würde sich ändern.

Ironischerweise ist Snow in den Tagen des neuen Krieges Opfer seiner selbst. Der, der sich stets an die Macht klammerte, ist in ihr gefangen und dazu verdammt, das gleiche Schicksal zu erfahren wie eben diese selbst. Fällt sie in einer Implosion unter ihrem eigenen Gewicht zusammen, so gilt dies auch für Snow. Er kann sich dieser untrennbaren Bindung ab einem bestimmten Zeitpunkt nicht mehr entziehen. Dies versteht sich durch die verborgenen Verantwortlichkeiten.

Snow dürfte dies während der zweiten Rebellion wie ein Strick sinnbildlich um den Hals gelegen haben. Sein Schicksal ist für ihn jedoch untrennbar verbunden mit dem Schicksal des Systems, und dieses ist unmittelbar verbunden mit dem Wohle des Staates und Volkes von Panem. Snow ist bereit, die kapitolistische Art zu leben zu verteidigen, »bis zum aller letzten Atemzug«. Sein eigener Machterhalt ist (für ihn) das Äquivalent zum Staatserhalt.

Dies ist durchaus wörtlich zu verstehen. Auf seinem Weg an die Macht und im Zuge des fast bedingungslosen Selbstzwanges zum eigenen Machterhalt ist Snow über Leichen gegangen, und dies ausdrücklich nicht im metaphorischen Sinne.

Endet seine Amtszeit, endet seine Macht, endet seine Immunität. Was erwartet ihn als machtlosen Zivilisten a.D.? Donald Trump rief seine Anhänger indirekt zum Sturm auf die Herzkammer der amerikanischen Demokratie auf, um zu verhindern, dass sein Konkurrent als gewählter Präsident bestätigt wird. Wladimir Putin klammert sich an seine Macht. Und solange es niemanden gibt, der wie er selbst einst Jelzin Schutz, Immunität und Begnadigung bedingungslos garantieren kann, wird er nicht davon ablassen können. Und nicht aus Freude am Regieren hat Xi Jinping vorbereitet, der Verfassung nach Präsident auf Lebenszeit sein zu können.

Die sowjetische Staatspropaganda zeichnete von Stalin ein Bild eines Übervaters der Nation. Ähnliches wird auch in Nordkorea über die Kim-Dynastie propagiert.* Wie kann sich eine Gesellschaft, die eng mit diesem Bild verwoben ist, von ihrem »Helden« lösen? Die sowjetische Antwort nach Stalins Tod war eine gegensätzliche Staatspropaganda. Ein Schauspieler, der Stalin einmal in einem Film darstellte, war einst ein Nationalheld. Nach seinem Tod war Stalin nur noch als »Mörder« und für »die Gulags« bekannt.

Ob es jemanden gibt, der Snow diesen Schutz bieten kann, ist einmal abhängig davon, ob es diesen jemand überhaupt gibt, und zum anderen, ob es gesellschaftlich und politisch durchsetzbar ist. Und in Snows Fall dürfte es nur einen möglichen Ausgang geben.

>>They all end up the same way.<<
– Donald Sutherland

---

* Auch in liberalen und demokratischen Gesellschaften werden Staatsoberhäupter zu Weilen überstilisiert. Der »US-Präsident« etwa ist ein übermenschlicher Action-Held in »London has fallen« (2013). In »Air Force One« (1997) kämpft Harrison Ford quasi im Alleingang an Bord gegen terroristische Entführer.

Kreativität und Destruktivität

Snows Liebe zur Macht ist unverkennbar. Es ist die Liebe zu sich selbst, genauer: zum eigenen Überleben, die Liebe zum Staat und zum Erhalt des Staates. Und eben dafür ist er bereit, alles zu tun, auch sich selbst zu verletzen. Er nimmt in Kauf, sich selbst physisch von innen heraus zu zersetzen. Er opfert einen Teil, um das Ganze zu bewahren. Was er Staat und Volk abverlangt, gilt insbesondere für ihn selbst.

Dieser Wille zum Leben, diese bizarr anmutende Liebe zum Leben, ist es, weshalb Snow kein Diktator ist wie Stalin oder Saddam Hussein.

In Collins Werk lassen sich keine im Besonderen sexuell konnotierten Szenen finden.* Das bedeutet jedoch nicht, dass Intimität als solche oder Keimzellen des Lebens im metaphorischen Sinne nicht zu finden sind. Die intimsten Szenen finden im Rosengarten statt. Sie verkörpern, wie Sutherland feststellt, Eleganz, Macht und Grausamkeit. Aber auch Leben und Liebe zum Leben. Snow züchtet neues Leben, er pflegt das Leben. »Liebe ist eine leidenschaftliche Bejahung eines

---

* Im ersten Film findet sich lediglich eine einzige »Sex-Szene«, als sich Johanna Mason im Aufzug vor Katniss, Peeta und Haymitch entblößt. Diese Szene ist beschrieben durch das Nicht-Sehbare, da der Zuschauer selbst nur Johannas Rücken sieht, nicht jedoch ihre geschlechtsspezifischen Reize wahrnehmen kann. Dies mag auch deshalb so geschnitten sein, um eine Jugendfreigabe sicher stellen zu können. Die Filme heben sich hierdurch aber ganz besonders von anderen Serien wie »Borgias« ab. In einem Werk, das von Leben und Tod handelt, ist es eigentlich bedauerlich, dass Sexualität als Keimzelle des Lebens so konsequent ausgeschlossen wird (oder werden muss). Menschen reagieren in Situationen, in denen das Leben als solches bedroht ist, oft mit einer gesteigerten Libido. Für den Erhalt des Lebens ergibt dies evolutionär durchaus Sinn. Dieser Aspekt kann dennoch sehr wohl untersucht werden, da er schlicht nicht beschrieben ist, man aber nicht *nicht* kommunizieren kann..

‹Objektes› (.), ein tätiges Streben und eine innere Bezogen-
heit, deren Ziel das Glück, das Wachstum und die Freiheit
ihres Objektes ist. Sie ist eine Bereitschaft, die sich grundsätzlich jeder Person und jedem Objekt einschließlich unserer
selbst zuwenden kann. Ausschließliche Liebe zu einer bestimmten Person ist ein Widerspruch in sich selbst. (.) Die
Liebe zu einer bestimmten Person impliziert die Liebe zu
Menschen als solchem.«[19]

Anders als bei Hitler oder Trump ist das, was Snow er-
schafft, etwas Lebendiges. Die Rose ist ein Symbol für das
Leben. Fast widersprüchlich erscheint es daher, dass Snow
die Rose als Botschaft gezielt einsetzt, wenn er Leben nimmt
oder Leben nehmen möchte. Dies geschieht jedoch nicht aus
Willkür, sondern aus ganz bestimmten Gründen, die dem Erhalt des Lebens selbst dienen.

Er nimmt Leben, wie er auch selektiv Rosen nimmt. Er
nimmt die schönsten Rosen, diejenigen, die anderen Rosen
um sich herum zu viele Nährstoffe entziehen, um selbst alles
überstrahlen zu können. Er nimmt sie, um andere Rosen
pflegen zu können.

Durch diese hohe Sensibilität dem Leben gegenüber trennt
sich Snow klar von Stalin und Hussein ab. Er handelt klug
und umsichtig, er umgibt sich nicht mit »Ja-Sagern«, sondern
sucht den Diskurs um die beste Lösung. Snow weiß alles,
und manchmal bedeutet wissen auch *wissen, wo etwas geschrieben steht,* oder *wissen, wen man fragen muss.* Er frönt nicht
dem Exzess, sondern ist durch seine Gärten, seine Rosen und
die enge Verbundenheit zur Natur geerdet. Seine Macht
macht ihn nicht »geil« oder blind. Er ist als Archetyp der po-
pulär-kulturelle Gegenentwurf zu Francis Underwood aus
House of Cards. Als Machtmensch ist er näher an Merkel, deren Erdung auch in der Gartenarbeit wie dem Kartoffelpflan-
zen zu finden ist.

Als Präsident weiß Snow um die Macht der Symbolik. Der
Staat muss omnipräsent sein, doch der Staat ist nicht er. Als

Teil des Staates besticht er nicht durch Größenwahn und Gi-
gantismus, wie sie Paläste mit hunderten Zimmern verkörpern; seine Obsession sind seine Rosen. Gewiss steigert er
dieses Verlangen ins Exzessive. Da dieser Exzess aber ein na-
turverbundener und damit ein natürlicher ist, entspricht dies
in keiner Weise der überhitzten Kopflosigkeit durch Korruption der Macht, wie man sie bei anderen Staatsoberhäuptern
und Regierungschefs beobachten kann, besonders bei solchen mit langen Amtszeiten.

Snows Farben sind vielfältig, aber er bevorzugt Weiß. Dies
kann, wie ich beschrieben habe, als Verdrängung der eigenen
Destruktivität verstanden werden. Snow trennt sich hierdurch aber klar von Hitler ab.

Der nekrophile Charakter, der Hitler war, bevorzugt
dunkle Farben wie braun oder schwarz. Der Charakter von
Snow ist aber nicht nekrophiler Art. Er muss einen Weg für
sich selbst finden, mit der Last, die er trägt, umzugehen. Die
Verdrängung durch das Weiße ist gewiss eine Möglichkeit,
sich »rein zu waschen«. In allen anderen wesentlichen Belan-
gen kommt Snow jedoch dem biophilen Charakter näher als
dem nekrophilen, der sich kennzeichnet durch die Liebe zum
Toten und der Freunde am Anblick von Zerstörung. Fromm
weiter über Hitler:

»Mit seiner Fleischabstinenz sühnte er seine Schuld und bewies sich, dass er nicht fähig war zu töten. Wahrscheinlich
hatte seine Antipathie gegen die Jagd die gleiche Funktion.

Die deutlichsten Manifestationen dieser Reaktionsbildung
lassen sich jedoch in folgenden (.) Tatsachen erkennen: Hitler
hat sich in den Jahren vor seiner Machtergreifung niemals
selbst an tätlichen Auseinandersetzungen mit politischen
Gegnern beteiligt. (.) Er war niemals bei einem Mord oder
einer Hinrichtung zugegen. (Als Röhm, bevor er umgebracht
wurde, darum bat, der Führer selbst solle kommen und ihn
erschießen, wusste er genau, was er sagte.)

Als einige von Hitlers Kameraden bei dem Putschversuch am 9. November 1923 in München getötet wurden, ging er mit Selbstmordgedanken um und begann an einem Zucken seines linken Armes zu leiden, ein Zustand, der sich nach der Niederlage von Stalingrad wiederholte. Seine Generäle versuchten vergeblich, ihn zu einem Besuch der Front zu bewegen. Nicht wenige Militärs und andere Personen seiner unmittelbaren Umgebung waren fest überzeugt, dass er Frontbesuchen nur auswich, weil er den Anblick Toter und Verwundeter nicht ertragen konnte.

Der Grund für dieses Verhalten war nicht Mangel an physischem Mut, den er im Ersten Weltkrieg ja reichlich bewiesen hatte, und es waren auch nicht liebevolle Gefühle für die Soldaten, für die er so wenig ein Herz hatte wie für irgendjemand sonst. Meiner Meinung nach handelt es sich bei dieser phobischen Reaktion auf den Anblick von Leichen um eine Abwehrreaktion gegen das Bewusstwerden der eigenen Destruktivität. [Anders als Churchill besuchte er auch keine zerstörten Wohngegenden, um sich mit Zivilisten fotografieren zu lassen. Hitler zog es vor, Goebbels mit der Begründung vorzuschicken, dass der Führer selbst zu beschäftigt sei.]*

Solange er nur Befehle erteilte und unterschrieb, hatte er nur geredet und geschrieben. Mit anderen Worten, ‹er› hatte kein Blut vergossen, solange er es vermied, die Leichen in Wirklichkeit zu sehen, und er schützte sich auf diese Weise davor, sich seiner Leidenschaft für die Zerstörung bewusst zu werden. Bei dieser phobischen Abwehrreaktion handelt es sich im Grunde um den gleichen Mechanismus, der auch seinem von Speer erwähnten zwanghaft übertriebenen Reinlichkeitsbedürfnis zugrunde lag.

Dieses Symptom hat in der bei Hitler vorhandenen milden Form genauso wie in der schweren Form eines ausgewachsenen Waschzwangs gewöhnlich ein und dieselbe Funktion:

---

* Persönliche Ergänzung zu Fromms Gedanken

den Schmutz, das Blut abzuwaschen, das symbolisch an den eigenen Händen (oder auch am ganzen Körper) klebt. Dabei wird das Bewußtsein, blutbefleckt oder schmutzig zu sein, verdrängt; bewusst ist nur das Bedürfnis nach ‹Sauberkeit›. Die Weigerung, Leichen zu sehen, gleicht diesem Zwang; beides dient dem Leugnen der Destruktivität.«[20]

Snow opfert sich für den Staat auf. Er hat einen moralischen Kompass. Er tötet nicht aus reinem Vergnügen, sondern zu einem bestimmten Zweck, sodass das System gesichert werden kann für den kleinstmöglichen Verlust an Leben, denn ein Systemzusammenbruch – welchen er selbst miterlebt hat – *kostet* noch viel mehr Leben.

Ich habe nachskizziert, dass alle seine Entscheidungen zum Nehmen von Leben durchdrungen sind von diesem moralischen Kompass, der sich aus dem Pflichtgefühl einer höheren Macht gegenüber ergibt.

Für dieses Töten hat er aber ein sehr genaues Gespür und stellt sich diesem. Er tötet aus einem Pflichtbewusstsein, aus einer *Rationalisierung* heraus. Bis hierhin hat er mit Hitler die Leugnung oder Verdrängung der eigenen Destruktivität noch gemein. Jedoch *kennt* Snow die Distrikte, er ist oft *draußen* gewesen. Er verweigert sich nicht der Konfrontation mit dieser Destruktivität. Sein Kompass ist ausgerichtet auf eine immerwährende Kalibrierung, ob seine Rationalisierung *richtig* ist.

Sein Pflichtbewusstsein wäscht ihn moralisch rein, daher das Weiße. Das Weiße geht auch in der Staatspropaganda auf. Das von ihm geschaffene Werk wird entmenschlicht und der Staat selbst wird Urheber. Dies lässt Snow zu. Er greift auch hier nicht in das Staatsgeschehen ein, andernfalls würde sich die Frage aufdrängen, weshalb er keine weitere Symbolik durchsetzen würde, die unmittelbar mit seiner ureigenen Persönlichkeit verbunden ist. Snow ist nicht der Staat. Das Weiße ist der kleinste gemeinsame Nenner von Snow und Staat; Snow selbst bleibt ersetzbar.

Ist Snow ein schlechter Mensch? Ist er ein *monstre morale*? Er hat einen Staat zu führen. Seine Aufgaben führen im alltäglichen Leben der Menschen dazu, dass die Entscheidungen über Leben und Tod gegeneinander abgewogen werden müssen.*

Was macht das aber mit einem Menschen? Wie befreit sich ein Mensch von diesem Gefühl? Kreativität und Destruktivität sind untrennbar miteinander verbunden. Jeder Mensch trägt Facetten beider Pole in sich. Und Snow verfolgt die Strategie der Verdrängung.

---

* Das kann auch in Friedenszeiten verbunden sein mit finanziellen Fragen: Etaterhöhung im Bildungswesen oder im Gesundheitssystem? Was »nutzt« einer Gesellschaft kurzfristig oder langfristig mehr?

Sadismus und Masochismus

»Es sind die Dinge, die wir am meisten lieben, die uns zerstören. Ich möchte, dass du dich daran erinnerst, dass ich dies gesagt habe.«

– Präsident Coriolanus Snow

Snow wird oft eine sadistische Lust und Freude beim Gestalten der Hungerspiele nachgesagt. Ihn jedoch als sadistischen Charakter zu pauschalisieren, war für mich ein Störfaktor. Er tötet nicht aus Lust, er nimmt Leben aus bestimmten Gründen. Er tötet nicht qualvoll und erfreut sich an Todesschreien seiner Opfer, er nimmt Leben distanziert, leise und schnell, also insgesamt mit möglichst wenig Schmerzen. Dies widerspricht dem weitläufigen Verständnis von Sadismus.

Dennoch verstehe ich Snow als einen Sadisten. Er unterwirft sich dem Schicksal und der Unausweichlichkeit der Geschichte, andere Menschen aber will er beherrschen. Seine Befriedigung des sadistischen Bedürfnisses zieht er nicht aus Gewalt im physischen Sinne. Sein Schlachtfeld ist das Psychische. Dies hat aus meiner Sicht im wesentlichen zwei Gründe: Erstens ist es die einzige Möglichkeit für ihn zu foltern und zu quälen; zweitens ist es ihm auf diese Weise möglich, nicht mit sich selbst in Konflikt zu geraten und das Bösartige in sich zu verdrängen.

Snow ist durch seine Mangelernährung in Kinder– und Jugendtagen körperlich schwach gebaut.[*] Daraus ergeben sich zwei Überlegungen:

Ist Snow körperlich überhaupt in der Lage, die Kraft zur Gewalt an anderen zu verüben? Im Sinne eines unbewaffneten Faustkampfes sicherlich nicht. Je älter und kränker er

---

[*] In den Filmen, in denen Präsident Snow von Donald Sutherland gespielt wird, sticht dies nicht so deutlich hervor. Es ist aber durch das vierte Buch von Collins gut belegt.

wird, desto klarer lässt sich diese Frage mit »nein« beantworten.

Wäre Snow mental fähig, es sich selbst zuzutrauen, über eine Kraft zu verfügen, mit der er Gewalt über jemand anderen ausüben kann? Aufgrund seiner eigenen Vorprägung und einem durchaus vorhandenen körperlichen Minderwertigkeitskomplexes ist dies ebenfalls eher mit »nein« zu beantworten.

Snow *kann* also keine physische Gewalt ausüben, schon allein deswegen, weil er es sich selbst nicht zutraut, physisch dazu fähig zu sein. Sein Werkzeug ist die Manipulation des Psychischen, das wegen seines klugen Verstandes und seiner ausgeprägten Auffassungsgabe *messerscharf* ist. Nicht nur Rambo glaubte, dass der verstand die schärfste Waffe sei.

Auch Jason Gideon sagte in *Criminal Minds* einmal sinngemäß: *Messer und Pistolen sind nicht immer die gefährlichsten Waffen, über die ein Mensch verfügen kann.* Nachdem er aus der Gewalt eines flüchtigen Serienmörders kam sagte er: »Ich *war* gefesselt, er *hatte* eine Waffe. Ich *bin* noch hier, er nicht.«

Snow bezieht keine Befriedigung aus dem Töten an sich, sondern aus der erfolgreichen Täuschung im kurzen Moment davor, auch dann, wenn er nicht tötet. So vermittelt er Minister Antonius das Gefühl von Wertschätzung, als er ihn nach seiner Einschätzung fragt. Nach dem ausgerufenen Toast genießt er einen Moment der Stille, in dem er weiß, dass das Gift zu wirken beginnt. Erst langsam begreift Antonius bei ersten Atemkrämpfen, dass dies seine letzten Atemzüge gewesen sein werden.

Katniss versucht Snow in einer Videoschalte davon abzulenken, dass die Rebellen eine Rettungsaktion der gefangenen Sieger im Kapitol durchführen. Er redet lange und ausgiebig mit ihr. Erst zum Ende gesteht er ihr, dass er genau davon wusste und schaltet sofort ab. Katniss Hoffnung bricht zusammen, sie fühlt sich benutzt und vor allem: sie ist allein mit dieser Hilflosigkeit.

»Jemand, der in Bezug auf seine der Selbstbehauptung dienende Aggression keine Hemmungen hat, verhält sich im
allgemeinen weniger feindselig im defensiven Sinn als jemand, dem diese Eigenschaft fehlt. Dies gilt sowohl für die
defensive Aggression als auch für die bösartige, wie den Sadismus.

Die Gründe hierfür liegen auf der Hand. Was die defensive
Aggression betrifft, so stellt sie eine Reaktion auf eine Bedrohung dar. Ein Mensch, der bezüglich seiner der Selbstbehauptung dienenden Aggression keine Hemmungen hat,
fühlt sich weniger leicht bedroht und gerät daher weniger
leicht in eine Lage, wo er defensiv aggressiv reagieren muss.

Ein sadistischer Mensch ist sadistisch, weil er an einer Im-
potenz des Herzens leidet, an der Unfähigkeit, den anderen
zu bewegen, ihn zu einer Reaktion zu veranlassen und sich
selbst zur geliebten Person zu machen. Er kompensiert dieses Unvermögen mit der Leidenschaft, *Macht* über andere zu
haben. Da die der Selbstbehauptung dienende Aggression
die Fähigkeit des Menschen, seine Ziele zu erreichen, erhöht,
vermindert sie beträchtlich das Bedürfnis, den anderen auf
sadistische Weise zu beherrschen.«[21]

Snows Sadismus entspringt einem eigenen Defizit, nämlich der früh erlernten Unfähigkeit, sich selbst anderen gegenüber behaupten zu können, also einer »psychischen Ver-
armung«.[22] Körperliche Schwäche, Hilflosigkeit, sich dem eigenen Schicksal erwehren zu können,* Neid und narzissti-
sche Facetten – Immerhin genoss die altehrwürdige Familie
Snow lange Zeit hohes Ansehen in Panem – führten zu
Snows Sadismus.

Am ehesten ist Snow damit vergleichbar mit Heinrich
Himmler. Ohne die großen sozio-ökonomischen Rahmenbe-
dingungen wäre Snows Aufstieg und seine Herrschaft vielleicht nicht möglich gewesen und sehr wahrscheinlich wäre

---

* Dabei beziehe ich mich auf die zerstörte Fabrik in Distrikt 13, welcher die wirtschaftliche Existenzgrundlage der Snows war.

es hier bei einer Familientragödie geblieben. Seine Abwertung seiner Cousine Tigris gegenüber, die »nicht mehr hübsch genug ist«, ist ungeachtet der Staatdimensionen ein Hinweis auf ein fortbestehendes Familiendrama. Gleiches gilt Fromm zufolge besonders für Himmler.[23]

»Präsident Snow herrscht mit Betrug und Angst,« stellte Finnick einmal fest, und in der Tat schrieb schon Machiavelli:

»Aus niederem Stande gelangt man zur Größe eher durch Betrug als durch Gewalt. Ich halte es für eine ausgemachte Wahrheit, daß Menschen von niederem Stand selten oder nie ohne Gewalt oder Betrug zu hohem Range gelangen, wofern der Rang ihnen nicht von seinem Inhaber geschenkt oder vererbt wird. Ich glaube auch nicht, daß Gewalt allein hinreicht, wohl aber Betrug, (.) Ich glaube auch nicht, daß man je einen finden wird, der sich aus niederem Stand allein durch offene und ehrliche Gewalt zu einem mächtigen Herrscher emporgeschwungen hätte, wohl aber durch Betrug allein.«[24]

Die latente Freude am Töten ist auch ein Teil Snows Sadismus. Diese bezieht er daraus, wenn er nicht selbst *tötet*. Dabei tritt er keineswegs verschwenderisch auf, und das Hören schreiender Menschen ist nicht Teil dessen, was ihn erfreut. Seine Freunde besteht vielmehr in der Beschäftigung damit, *wie* Menschen getötet werden können. Und seine Bestätigung bezieht er aus dem medialen Erfolg und der großen Popularität der Hungerspiele. Über Stalin schreibt Fromm:

»Eines der deutlichsten historischen Beispiele sowohl für den seelischen als auch für den physischen Sadismus war Stalin. Sein Verhalten ist geradezu ein Lehrbuch für den nichtsexuellen Sadismus (.) Unter Stalin haben die vom NKWD angewandten Methoden an Raffinement und Grausamkeit alles übertroffen, was die zaristische Polizei sich je ausgedacht hatte. Manchmal traf er selbst die Anordnungen, welche Art der Folterung bei einem Gefangenen anzuwenden wäre. (.)

Eine spezielle Form, die Stalin besonders liebte, war, dass er den Betreffenden versicherte, sie seien völlig sicher, um sie dann ein oder zwei Tage später verhaften zu lassen. Natürlich traf diese Verhaftung das Opfer umso härter, weil es sich ja besonders sicher gefühlt hatte. Außerdem hatte Stalin ein sadistisches Vergnügen daran, dass er selbst genau wusste, was dem Betreffenden tatsächlich bevorstand, während er ihn noch seiner Gunst versicherte. Gibt es eine größere Überlegenheit und eine vollkommenere Herrschaft über einen anderen Menschen? (.)

In Stalins Verhalten kommt in diesem Fall ein Element seines Charakters besonders deutlich zum Ausdruck – der Wunsch, den Menschen zu zeigen, dass er absolute Macht und Gewalt über sie besaß. Durch sein Wort konnte er sie töten, foltern lassen – und wieder retten und belohnen; er besaß die Macht Gottes über Leben und Tod, die Macht der Natur, wachsen zu lassen und zu zerstören, Schmerz zuzufügen und zu heilen. Leben und Tod hingen von seiner Laune ab.

[... Stalin genoss das Gefühl], nach Lust und Laune zu herrschen, von keinem Grundsatz – auch nicht dem bösartigsten – in seiner Handlungsfreiheit beschränkt.* (.) Das Erlebnis der absoluten Herrschaft über ein anderes Wesen, das Erlebnis der Allmacht gegenüber diesem Wesen schafft die Illusion, die Grenzen der menschlichen Existenz zu überschreiten besonders für jemand, dessen wirklichem Leben Produktivität und Freude abgehen. (.) [Der Sadismus] ist die

---

* Snows Handeln ist im Grundsatz von der notwendig geringsten Wegnahme an Leben und der Maxime der Nicht-Verschwendung beschränkt.

Verwandlung der Ohnmacht in das Erlebnis der Allmacht. Er ist die Religion der seelischen Krüppel.*

Der sadistische Charakter hat vor allem Angst, was nicht sicher und voraussehbar ist, was Überraschungen bietet, die ihn zu spontanen und originären Reaktionen zwingen könnten. Aus diesem Grund hat er Angst vor dem Leben. Das Leben erschreckt ihn eben deshalb, weil es seinem Wesen nach nicht voraussagbar und ungewiss ist. Es ist wohl strukturiert, aber nicht einfach planbar; es gibt im Leben nur eine Gewissheit: dass alle Menschen sterben müssen.

Auch Liebe ist unsicher. Geliebt werden setzt die Fähigkeit voraus, dass man sich selbst lieben kann, dass man Liebe er-

---

* Gekürztes Zitat: »Jedoch erzeugt nicht jede Situation, in der eine Person oder eine Gruppeunbeschränkte Macht über eine andere besitzt, Sadismus. (.) Personen mit einem dominant lebensbejahenden Charakter sind nicht leicht durch Macht zu verführen. Es bedeutete jedoch eine gefährliche Vereinfachung, wollte man die Menschen in nur zwei Gruppen klassifizieren, die sadistischen Teufel und die nichtsadistischen Heiligen. Worauf es ankommt, ist die Intensität der sadistischen Leidenschaft in der Charakterstruktur eines jeden. Es gibt viele, in deren Charakter sadistische Elemente zu finden sind, die jedoch durch starke lebensbejahende Tendenzen ausgeglichen werden; solche Menschen sind daher nicht als sadistische Charaktere zu klassifizieren. Nicht selten führt bei ihnen der innere Konflikt zwischen den beiden Orientierungen zu einer verstärkten Sensitivität gegen den Sadismus und Reaktionsbildungen allergischer Art auf alle seine Abarten. (Spuren ihrer sadistischen Neigungen können sich trotzdem in unbedeutenden, marginalen Verhaltensweisen manifestieren, die so geringfügig sind, dass sie nicht auffallen.) Es gibt andere mit einem sadistischen Charakter, bei denen der Sadismus wenigstens durch Gegenkräfte ausgeglichen (nicht nur verdrängt) ist, und während solche Menschen vielleicht ein gewisses Vergnügen darin finden, Hilflose zu beherrschen, würden sie nicht bei einer tatsächlichen Folterung oder ähnlichen Gräueltaten mitmachen oder Freude daran haben.«

wecken kann, und Liebe schließt stets das Risiko ein, abgelehnt zu werden und zu scheitern. Deshalb kann ein sadistischer Charakter nur ‹lieben›, wenn er den anderen beherrscht, das heißt, wenn er Macht über den Gegenstand seiner Liebe hat. Der sadistische Charakter ist gewöhnlich xenophobisch und neophobisch eingestellt – was fremd ist, stellt etwas Neues dar, und was neu ist, erregt Angst, Argwohn und Ablehnung, weil es eine spontane, lebendige, nicht routinemäßige Reaktion erfordern würde.«[25]

Bis auf wenige Ausnahmen lässt sich in Fromms Analyse der Name »Stalin« ohne weiteres durch »Snow« ersetzen. Einige kleine, aber wesentliche Unterschiede möchte ich herausarbeiten.

Zunächst versteht sich Snow selbst nicht als allmächtiger Herrscher. Er weiß zum einen um seine Abhängigkeiten von denjenigen, die ihn dadurch mächtig machen, dass sie ihm *die Macht* übertragen. Zum anderen enthält sein moralischer Kompass klar die Gegebenheiten eines höheren Zweckes, nämlich den Erhalt des Staates an sich. Er verwechselt dabei nicht jedoch den Staat mit sich selbst. Der Staat ist unmittelbar verbunden mit seiner Ordnung, dem System. Erst dieses ist untrennbar verbunden mit ihm selbst. Diese Distanziertheit ist wesentlicher Natur, so geringfügig sie auch erscheinen mag.

Snows Sadismus ist also kein Resultat von übersteigertem Allmachtswahn. Das Sadistische konkurriert in Snow selbst mit seinen lebensbejahenden Trieben. Vor diesem Konflikt scheut er zurück, durch Verdrängung. Da die »Spuren sadistischer Neigungen« jedoch unverkennbar sind, ist Snow sehr wohl als sadistischer Charakter zu verstehen. Er verdrängt seine Triebe, aber er gleicht sie nicht hinreichend aus.

Die vortrefflichste Übereinstimmung mit dem sadistischen Charakter ist in Snows Angst vor dem Unvorhersehbaren zu finden. Er bedenkt und plant alles Mögliche im Voraus, »er

weiß und versteht alles, nichts [kann ihn mehr überra-
schen]«.[26] Es muss klar sein, dass man eine ganze Gesellschaft, einen ganzen Staat nicht Jahrzehnte lang in ein und
demselben Zustand verharren lassen kann, ohne dass gesellschaftliche Transformationsprozesse stattfinden, schon allein bedingt durch technologischen Fortschritt.

Anders als die panemesische Gesellschaft, die zutiefst sadistisch geprägt ist,* findet Snow eine Umgangsform damit.
Er wird zum Universaldenker. Die gesellschaftlichen Trans-
formationen im Kapitol fanden schnell statt. Das Neophobi-
sche ist also ein wesentlicher Baustein seiner eigenen, unendlich erscheinenden Herrschaft. Da *alle* Menschen Angst vor
dem Neuen haben, ist Snow der *Einzige*, welcher ihnen durch
sein Wissen mit Rat und durch sein Amt mit Tat und Macht
zur Seite stehen kann. Das Aufsehen zu Snow erhebt sich so
zu einem religiösen Kultstatus.

---

* Auch in den Distrikten besteht Sadismus. Am deutlichsten wird
dies in der Invertierung der Hungerspiele mit Kapitolkindern. Zunächst ist dies eine eigene Idee von Präsidentin Coin gewesen, die
Hitler im nekrophilen Charakter dadurch sehr nahe kommt. Doch
die Abstimmung, die knapp ausgeht, spiegelt gewiss die gesellschaftlichen Verhältnisse wieder, mit einer kleinen Mehrheit für die
Unterdrückung des Feindes.

Sein und Schein

»Zum eigenen Vorteil war es unabdingbar, anders zu erscheinen, als man wirklich war. Sein und Schein wurden zwei völlig verschiedene Dinge.«

– Jean Jacques Rousseau

»Ein jeder sieht den, der du scheinst, wenige erfassen den, der du bist.«

– Niccolò Machiavelli

»Für die Massen muss man entweder ein Gott oder nichts sein.«

– Gustave Le Bon[27]

Bei öffentlichen Auftritten oder Festlichkeiten sowie Konferenzen trägt Snow immer Handschuhe.* Im Rosengarten, im Kontrollzentrum, in seinen Arbeitsräumen wie auch in privaten Räumlichkeiten hingegen nie.[28]

---

* Bis auf eine einzige Ausnahme, nämlich als die Rebellen in das Kapitol einfallen und er geschwächt mit dem Kopf auf seinem Schreibtisch liegt. Der stete Wechsel zwischen Ruhe und Alarmbereitschaft hat es ihm wohl nicht ermöglicht, sich von seinen Handschuhen zu trennen, da immer damit zu rechnen ist, dass jederzeit Krisentreffen einberufen werden müssen.

Die Menschen im Kapitol vertrauen und folgen Snow nahezu bedingungslos. Caesar Flickerman sagt zum Publikum, als Katniss erklärt, Snow fand sie in einem Kleid besonders hübsch und deshalb solle sie es tragen: »Da hat Snow wie üblich vollkommen Recht.«

Wenn Menschen Rat suchen oder Probleme haben, hören sie auf das, was Snow sagt, (sein) Wissen ist (seine) Macht. Und oft liegt er richtig; liegt er daneben, kann dies durch geschickte Propaganda umgedeutet werden. Zum einen kann Film- und Videomaterial vernichtet, zum anderen ein verantwortlicher Minister »geopfert« werden. In Letztem steht Snow Stalin in nichts nach. Es ist eine Frage des Marketings, des Verkaufens von Gedanken, Ideen, Anschauungen und Überzeugungen, und schließlich eines Menschen Selbst.

Sprache ist die Macht, das Symbolische der eigenen Realität zu erfassen. Snow weiß um die Bedeutung der Sprache, und er wählt jedes einzelne seiner wenigen öffentlichen Worte mit höchstmöglichem Maß an Bedacht und Sorgfalt. Er macht sich öffentlich rar, und so sind es andere, die über ihn sprechen und sein Bild *groß* machen. Er spielt nicht die Rolle des Königs, die Menschen erzählen von ihm, als sei er ein König.[29] Und wenn alle glauben oder glauben gemacht werden, er sei oder ist ein König, dann ist er der König, ein göttlicher König.

»Die Abneigung Machiavellis gegenüber Cäsar und seinen römischen literarischen Bewunderern, die er abschätzig qualifiziert, findet sich in den ‹Discorsi›, in einem heftigen, auch emotional gestimmten Urteil: ‹Man darf sich nicht durch den Ruhm Cäsars blenden lassen, der von den Schriftstellern besonders gefeiert wird: die, die ihn loben, werden nur durch sein Glück verführt und durch die lange Zeit der kaiserlichen Gewalt eingeschüchtert, die unter Cäsars Namen ausgeübt wurde und den Schriftstellern nicht gestattete, sich mit Freimut über ihn zu äußern.

Will man jedoch wissen, was freie Schriftsteller über ihn sagen würden, so lese man nach, wie sie sich über Catilina äußern. Ja Cäsar ist noch verabscheuenswürdiger, weil der, der Unrecht getan, mehr Tadel verdient als der, der Unrecht nur tun wollte. Man lese auch nach, mit welch hohem Lob sie den Brutus preisen; da sie Cäsar wegen seiner Macht nicht tadeln durften, haben sie wenigstens seinen Feind verherrlicht.› (.)[30]

Der Schein dient dem Zweck, mangelhafte Wirklichkeit auszugleichen oder durch Überhöhung der Person vergessen zu machen. Erforderlich wird die ständige, unablässige Arbeit am Schein, da die Ungleichheit von Modell und Wirklichkeit unaufhebbar ist. Die Arbeit am Schein bestätigt die Imitation des Modells als Prinzip von Herrschaft. Zwangsläufig, bedingt durch die mangelhafte Verfassung des Fürsten oder Herrschers, wird der Schein zu einem wesentlichen Bestandteil der Macht, ihres Erwerbs und ihres Erhalts, und nicht ausgeschlossen ist, daß Macht nur aus Schein besteht.

Inwieweit Macht sich solchermaßen erhalten kann, hängt von dem Instrumentarium ab, das zum Erhalt und Erwerb eingesetzt wird, sowie den Umständen. Der Ästhetik der Macht fällt die Aufgabe zu, den Schein zu erzeugen. Sie muß die Sinne wecken, locken, erobern und fortwährend beschäftigen. Die Imagination derer, die eingenommen und beherrscht werden sollen, muß erreicht und animiert werden. Die Fähigkeit, den Schein zu erzeugen, wird zur entscheidenden Qualität. (.)

Die Erzeugung des Scheins und seine Instrumentalisierung wird für den ‹neuen Fürsten zur Bedingung der Macht, ihres Erwerbs, ihres Erhaltes. Im ‹Principe› entwirft er das Konstrukt, die Figur des Machtmenschen. Zu dessen Natur gehört der Schein. (.)

Wie situationistisch der Schein zu manipulieren und zu instrumentalisieren ist, erweist sich besonders im Kriegsfalle; hier muß der Fürst sich nicht scheuen, grausam genannt zu werden. (.)[31]

‹Für einen Fürsten ist es also nicht erforderlich, alle obengenannten guten Eigenschaften wirklich zu besitzen. Ich wage gar zu behaupten, daß sie schädlich sind, wenn man sie besitzt und ihnen stets treu bleibt; daß sie aber nützlich sind, wenn man sie nur zu besitzen scheint; so mußt du milde, treu, menschlich, aufrichtig sowie fromm scheinen und es auch sein; aber du mußt geistig darauf vorbereitet sein, dies alles, sobald man es nicht mehr sein darf, in sein Gegenteil verkehren zu können.›[32]

Der Schein, den er in Friedenszeiten erzeugt, wird zum Kapital, das er im Krieg nutzen, von dem er im Krieg zehren kann. Töricht also, im Frieden kein Kapital anzusammeln, gar von ihm zu leben. Das Kapital an Schein, das der Fürst im Frieden bildet, wird zur Ressource der Macht in der Zeit des Krieges.«[33]

Die Welt ist eine Bühne und der Einzelne ist durch das Bedingte gezwungen, die Rolle einzunehmen, die ihm zugeordnet wird. Manchmal wird man zu einem Symbol, zu einem Ding. Was für Katniss gilt, die von Snow, Plutarch Heavensbee und Coin immer in bestimmte Rollen gezwungen wurde, gilt auch für Snow, der sein »Sein« opfert für den Schein eines Medienspektakels, dem er sich unterwirft. Er ist das Symbol der Macht, so wie ein Siegel an der Tür.

Leben und Töten

Yin und Yang

»Wenn ich ein Leben nehme, dann aus ganz bestimmten Gründen.«

– Präsident Coriolanus Snow

Was ist das Gute? Was ist das Böse? Letztlich *siegt* immer das Gute, weil das *Gute* immer das ist, was von den Siegern für *gut* befunden wird. Als absolute Definition kann man das Gute als das Lebensbejahende, das Böse als das Lebensverneinende verstehen.[*] Dinge mögen in ihrer Begrifflichkeit ab-

---

[*] Eine relative Definition würde zu einer Sache, einem Gegenstand, Phänomen, Verhalten oder Menschen stets ein festfixiertes Bezugsniveau erfordern. Dies kann zu Absurditäten führen, da Sprachkonstruktionen entstehen können wie: »Saddam Hussein war ein guter Mensch« (im Vergleich zu Adolf Hitler, weil er für weniger Tote verantwortlich ist.) Wohingegen ein ehrlicher Mensch »schlecht«

solut sein, doch im Leben als solches nur untrennbar und unsortierbar vorkommen. Die Welt ist weder *schwarz* noch *weiß*, sie vereint die verschiedensten Grautöne auf sich, ein helles bis dunkles Grauspektrum zwischen den absoluten Polen tut sich auf.

Yin und Yang sind zwei Begriffe der chinesischen Philosophie, die für polar einander entgegengesetzte und dennoch aufeinander bezogene, duale Kräfte oder Prinzipien stehen, die sich nicht bekämpfen, sondern ergänzen. Und so sind auch das Gute und das Böse einander entgegengesetzt, doch stets untrennbar miteinander verbunden. Das Böse enthält ebenso etwas Gutes, so wie das Gute nicht rein von allem Bösen ist.

Snows Aufgabe ist es zwischen der Dichotomie des Guten und des Bösen zu differenzieren. Kann durch Töten Leben gerettet werden? Kann durch gerettetes Leben anderes gefährdet werden?

Wie eine Schlange schlängelt Snow Panem durch ein mienenartiges Feld von drohenden Katastrophen. Jede Politik hat ihre Zeit, und andere Zeiten erfordern eine andere Politik. Die allermeisten Politiker sind geprägt durch ihre eigene, unverrückbare Weltanschauung. Manche auch nur durch den Willen zur Macht und Opportunismus. Beides ist nicht von langer Dauer.

In gewisser Weise ist Snows fast unendlich während Präsidentschaft ein Kunstwerk. Einerseits galt es, das System zu erhalten. Die panemesische Gesellschaft blieb in einem stationären Zustand erstarrt, und es gab Kräfte, die diesen Zustand befürworteten. Andererseits schließt das Statische im

---

sein kann, weil er anders als etwa ein Notarztchirurg noch nie jemandem das Leben gerettet hat.

Ganz grundsätzlich spiegelt sich in der von mir bevorzugten absoluten Definiertheit mein eigenes persönliches Weltbild wieder. Jedem sei seine eigene Weltanschauung jedoch völlig ungenommen.

Großen das Dynamische im Kleinen nicht vollends aus. So schrieb auch Machiavelli:

»Wer immer Glück haben will, muß sein verfahren je nach den Zeiten ändern. (.) Wer hingegen an eine Art zu handeln gewöhnt ist, ändert sich, wie gesagt, nie und muß, wenn die veränderten Zeitläufe zu seinem Verfahren nicht mehr passen, notwendig zugrunde gehen. (.) Daß wir uns aber nicht ändern können, liegt an zweierlei. Erstens vermögen wir nichts gegen unsre Natur, und zweitens läßt sich ein Mann, der bei einer Art zu handeln viel Glück gehabt hat, durch nichts überzeugen, daß es ihm auch bei anderm Verfahren gelingen könnte. So kommts, daß das Glück eines Menschen wechselt, denn die Zeiten wechseln, er aber ändert sein Verfahren nicht. Auch Staaten gehen unter, wenn ihre Einrichtungen sich nicht mit den Zeiten ändern, wie wir oben ausführlich erörtert haben. Sie gehen nur langsamer zugrunde, weil ihre Veränderung mehr Mühe macht.«[34]

Und so kann Snows Schlangenmetapher auch darauf hindeuten, dass er ein Mensch war mit einem kleinstmöglichen System von Axiomen, auf denen seine Weltanschauung beruhte. In vielerlei anderer Hinsicht konnte sich Snow im Kleinen immer wieder ein Stück weit *neu erfinden*. (Weil er für sich selbst schon diverse mögliche Lebensentwürfen vorweggenommen hat?) Und für alles, was er nicht umschlängeln konnte, nutze er sein Gift.

Als Kapitän eines Schiffes gab es für ihn nur eine einzige Maxime: Alles muss »umfahren« werden. Es ist eine Besonderheit der deutschen Sprache, dass wohl kaum ein anderes Wort derart eindeutig daherkommt, doch völlig gegensätzliche Bedeutungen haben kann. Man kann etwas umfahren, indem man daran vorbei steuert; oder man kann etwas umfahren, in dem man es überfährt und niederwalzt.

Sich dem Steuern zu entziehen, kam für Snow aus vielerlei Gründen nicht in Frage. Das bedeutet aber auch, dass er das tun muss, was getan werden muss. Und ein Volk wie das in Panem ist vollkommen anders geprägt als wirtschaftlich wohlhabende Gesellschaften zu Friedenszeiten. Snow ist für uns ein *monstre morale*, aber für die Menschen im Kapitol ist er heilig.

Leben opfern, um leben zu schützen – dieses Dilemma findet sich bereits in der Bibel. Mit dieser Frage haben sich bereits vor zweitausend Jahren kluge Köpfe beschäftigt. Man kann fast sagen, dass die gesamte christliche Anhängerschaft unbewusst davon geprägt ist.

Für die Menschen im Kapitol ist Snow Panems Gott. Er beschützt (ihr) Leben und kann Leben nehmen. Er sagt nicht, »ich töte«, er sagt bewusst »I take life«, »ich nehme Leben«. Seine Liebe, seine Leidenschaft, seine Obsession gilt den Rosen. Darin zeigt sich seine Liebe zum Leben.

»Lieben ist ein produktives Tätigsein, es impliziert, für jemanden (oder etwas) zu sorgen, ihn zu kennen, auf ihn einzugehen, ihn zu bestätigen, sich an ihm zu erfreuen – sei es ein Mensch, ein Baum, ein Bild, eine Idee. Es bedeutet, ihn (sie, es) zum Leben zu erwecken, seine (ihre) Lebendigkeit zu steigern. Es ist ein Prozeß, der einen erneuert und wachsen läßt.

Wird Liebe aber in der Weise des Habens erlebt, so bedeutet dies, das Objekt, das man ‹liebt›, einzuschränken, gefangenzunehmen oder zu kontrollieren. Eine solche Liebe ist erwürgend, lähmend, erstickend, tötend statt belebend. Was als Liebe bezeichnet wird, ist meist ein Mißbrauch des Wortes, um zu verschleiern, daß in Wirklichkeit nicht geliebt wird,«[35] und Fromm schreibt weiter:

»In einer Gesellschaft, in der sich alles um Besitz dreht, gibt totes Eigentum seinem Besitzer zuerst und vor allem Macht. Wer viel besitzt, ist gewöhnlich auch politisch mächtig; wer mächtig ist, scheint auch ein großer Mensch zu sein. Die Leute bewundern seine Größe, weil sie lieber jemanden bewundern als ihn fürchten. Der Reiche und Mächtige kann

Einfluß nehmen, indem er die anderen entweder einschüchtert oder sie kauft. Auf diese Weise kommt er in den Besitz von Bewunderung oder Berühmtheit.«[36]

Snow ist ein Gigant im *Haben*, der seine Existenzweise im *Sein* noch nicht voll entwickelt hat. Er hat viel Macht, er hat viele Untertanen, er hat über viele Reichtümer zu verfügen, er hat ein großes, mächtiges und stolzes Land zu führen. Er hat eine beeindruckende Intelligenz, er hat eine gute Bildung und er hat viel Wissen.

Aber er ist auch klug, er ist gebildet, er ist wissend. Er Ist mächtig, er ist Präsident vieler Untertanen, er ist verantwortlich für die Güter in Panem, er ist Oberhaupt eines großen, mächtigen und stolzen Landes.

Snow vereint sowohl die Liebe zum Leben als auch die Liebe zum Toten auf sich. Sieger benutzt er, wie es ihm beliebt. Andere Menschen sind nur Figuren auf seinem Schachbrett. Seine ersten Morde waren seine ersten Erfahrungen mit dem Töten. Er hat seinen *modus operandi* erst mit seinem letzten Mord im vierten Buch von Collins gefunden. Er verdrängt das Töten, er flößt das Gift weder jemandem ein, noch ist er in diesem Moment mit im Raum. Doch es erfüllt ihn mit sadistischer Befriedigung sich vorzustellen, wie sein Opfer realisiert, dass es ihm erlegen ist.

Seneca Crane lässt er in diesem Zuge eine ganz besondere Botschaft zu kommen. Sie lautet: »Du hast dich selbst an den Beeren vergiftet.« Es sind die gleichen Beeren, mit denen Katniss die Konzeption der Hungerspiele ins Wanken brachte.

Das Kalkül hinter Cranes Tod ist dasselbe wie bei Antonius. Der Schachspieler und Stratege Snow erörtert, ob er eine Figur kontrollieren kann. Ist dies nicht der Fall, sucht er nach einem Weg sich um diese herumzuschlängeln. Findet er keinen guten Weg und drängt die Zeit, eine Lösung herbeizuführen, bevor ihn die Figur oder eine andere selbst angreift, so wählt er den Weg des geringsten Widerstandes und nimmt die Figur still und leise einfach vom Spielfeld.

Dabei geht er fast vor wie eine Schlange: Er schnappt blitz-
artig schnell zu, ohne dass sein Opfer weiß, wie ihm geschieht. Er schlägt eine Meuterei nieder, ehe sie auch nur begonnen hat. Er beißt zu, flößt dem Opfer sein Gift ein, und
zieht sich zurück. In seinem Versteck wartet er den Tod des
Opfers ab und da er zu dessen Todeszeitpunkt nicht zugegen
war, konnte niemand belegen, dass er der Mörder ist – besonders nicht, wenn es so aussieht, als hätte es jeder gewesen
sein können oder dass sogar das Opfer selbst den Freitod gewählt hätte, wenn man seinen Tod nicht auf andere mysteri-
öse Weise erklären kann.

Dieser Kompass geht ihm in der Verzweiflung und Hilflosigkeit gegenüber der aufkeimende Rebellion jedoch verloren, und da er Katniss nicht töten kann, um keine Märtyrerin
zu erschaffen, beginnt er, *alle* zu töten, die mit ihr Kontakt
hatten. Es beginnt bei den übrigen Siegern im Kapitol, und
führt zu dem Kriegsverbrechen im Lazarett.*
Trotz aller Grausamkeiten, die das Kapitol und auch Snow
in den Jahren zuvor in den Distrikten zu verantworten haben, so konnte dieses barbarische und exzessive Töten für
Snow persönlich stets ausgeschlossen werden.
Öffentliches Erhängen und Erschießen ist zumindest für sein
eigenes Töten innerhalb des Kapitols nicht belegbar. Inwieweit er für Hängungen in den Distrikten verantwortlich ist,
kann aufgrund der nicht hinreichend vorhandenen Quellen-
materials weder bestätigt noch widerlegt werden.

---

* Es ist durchaus fraglich, ob er seinen moralischen Kompass wirklich wiederfand, bevor die Kapitolkinder vor seinen Toren sterben
mussten, oder ob erst durch dieses auch unmittelbare Ereignis, dem
er selbst beiwohnte – nicht televisuell, sondern durch die Fenster
seines Anwesens – zur Besinnung kam. Da ich aber keinen Grund
erkennen kann, weshalb er Katniss anlügen sollte, und es durchaus
Hinweise auf die Verbindung zu Coin gibt und diese sich durch ein
Verhalten unabhängig von der vorliegenden Begebenheit als nekrophiler Charakter erweist, so bewerte ich Snows Aussagen als
glaubwürdig.

Belegbar ist hingegen seine offensichtliche Anordnung zu öffentlichen Hinrichtungen durch Erschießungen im Aufbäumen der Rebellion, welches eine abschreckende Wirkung haben sollte.

Hier ist wichtig zu benennen, dass all diese Morde wie beschrieben jedoch nicht durch seine Hand, sondern lediglich auf seine Anordnung hin geschehen sind, so wie auch Stalin Todeslisten führte. Des Weiteren verband er mit dieser Theatralik einen Schreckmoment für die Bewohner der Distrikte, wodurch Widerstand gebrochen und eine Rebellion erstickt werden sollte. Es ist meine Annahme, dass er hier zum einen einer Abwägungsentscheidung folgte, zum Zweiten den schon allein wegen mangelnder Bildungsmöglichkeiten intellektuell rückständig gehaltenen Menschen ein höchstes Maß an visueller Symbolik liefern wollte. Zudem ist durch die Spotttölpel-Symbolik ohnehin ein Propagandakrieg in symbolischer Dimension entbrannt.

Snow selbst sieht in Verschwendung das größte Verachtenswerte. Ich glaube nicht, dass er Menschen in den Distrikten daher mehr Verachtung entgegenbringt als verschwenderischen Kapitolisten, und dies als Grund ausgemacht werden kann, weshalb er hier zwischen den Menschen im *modus operandi* seines Tötens differenziert.

Triumph und Versagen

»Mein Versagen bestand darin, dass ich Coins Plan solange nicht durchschaut habe. (.) Ihr Ziel ist es, sich auf meinem Platz einzurichten. Ich hatte bloß dich im Auge, genauso wie du mich. Ich habe das Gefühl, wir wurden beide an der Nase herumgeführt.«

– Coriolanus Snow

»Getäuscht worden zu sein ist in der Politik keine Ausrede.«

– Leszek Kolakowski

Und noch weniger im Kriege, in dem Betrug »ruhmvoll« ist, wie Machiavelli einmal schrieb.[37]

Snow ist ein selbstkritischer Mensch. Mit seinem finalen Urteil, sein »Versagen« bestand darin, Coin nicht durchschaut zu haben, geht er sehr hart mit sich ins Gericht. Was genau Snow meint, wenn er von seinem Versagen spricht, ist nicht eindeutig. Er erläutert es als seine Unfähigkeit, die Dinge richtig gelesen oder nicht richtig verstanden zu haben. Dies ist an sich keine falsche Analyse, aber sie ist noch sehr oberflächlich. Er versteht dies nämlich in Bezug auf die Rolle von Präsidentin Coin. Tatsächlich würde ich sagen, dass sein Versagen schon sehr viel früher begann.

Sein Versagen begann bereits unmittelbar nach den 74. Hungerspielen, aus denen Peeta und Katniss als Sieger hervorgingen. Seine Analyse, dass Katniss die treibende Kraft oder zumindest das Symbol der treibenden Kraft im Aufstand und Widerstand ist, war richtig. Er missverstand oder unterschätze jedoch ihre ureigenen Triebkräfte, die er auch immer wieder als kindlich beschrieb.

Dieses Infantile ist nämlich nicht beherrschbar, nicht kontrollierbar. Es folgt keinen klaren Regeln, keiner Struktur, es gibt kein Instrument, was es vorhersehbar und berechenbar macht. Es ist ur-irrational. Katniss zu einem frühen Zeit-punkt nicht zu töten, sondern als Verbündete gewinnen zu wollen, war eine durchdachte Strategie. Ihr Tod hätte zu Aufständen im Kapitol selbst führen können, wo die Men-schen beschützt durch Snow ihren ganz eigenen Infantilis-mus ausleben.

Ehe Snow Katniss jedoch durch die Hand eines unglückli-chen Unfalls hätte beseitigen lassen, wollte er sie selbst ge-winnen und kontrollieren. Zunächst aus seiner lebensbeja-henden Abwägung heraus, zum anderen aus Bequemlich-keit. Denn wenn *keine* Katniss da ist, um die Distrikte zu be-sänftigen, müsste es jemand anderes tun. Und Katniss war damit nicht nur für die Rebellen unersetzbar. Schließlich sollte Snow nur noch Peeta bleiben, und seine Annahme, dass Peeta eben nicht Katniss Rolle gleichsam wirkungsvoll erfüllen könne, war richtig.

Es ist sehr oft leichter Kinder von etwas zu überzeugen. Und Snow verstand die Menschen in Panem als eben solche. Nur wenn Katniss ihn überzeugen konnte, konnte er sicher sein, dass ganz Panem überzeugt ist. Katniss ist eine Siegerin aus den Distrikten und somit Teil beider Welten. Vielleicht war sie auch gerade deshalb so wertvoll für Snow, als dass er das hohe Risiko, sie eben nicht kontrollieren zu können, eingehen musste.

Denn sein Problem von Aufständen in den Distrikten wurde zunehmend eine ernste Bedrohung für ihn und damit das System. Lieferengpässe aufgrund von Streiks führen nämlich auch zwangsläufig zu einem Unruhigsein innerhalb des Kapitols. Sind Wirtschaftskreisläufe unterbrochen, ruft dies unter den Kapitolisten einflussreiche Gestalten hervor, die auch Snows eigene Position in Frage stellen können.
Snow musste also etwas tun, und anstatt unmittelbar auf Ge-walt zu setzen, entschied er sich, es zunächst auf einem ge-waltlosen Weg zu versuchen. Scheitert dieser Versuch, so ist Gewalt unumgänglich. Der Versuch ist es aber wert und so spricht er offen mit Katniss darüber. Das, was Snow als ihren

infantilen Trotz versteht, ist aber in Wirklichkeit vielmehr. Es ist der unbedingte Wille zum Leben, einer »Supernova« gleich, und damit unkontrollierbar.

Das Problem, vor welchem Snow steht, ist, dass sich Katniss infantiler Widerstand auf die Distrikte *überträgt*. Ihm bleibt nun nichts anderes übrig, als Gewalt durchzusetzen; tut er es nicht, wird es jemand anderes tun. Es gilt für ihn in diesem Moment auch, Alleingänge hochrangiger Generäle zu verhindern, die sich profilieren wollen und nach seinem Platz greifen. Das Wort »Platz« wählt Snow bewusst, als er zu Katniss sagt, Coin wolle sich auf seinem Platz einrichten. Für Snow besitzt jeder in Panem seine Aufgabe, die er erfüllen muss. Dabei kann es sein, dass auch unwillentlich einige zu Symbolen werden, und er ist eben ein Symbol der Macht. Dies ist sein Platz in Panem, wie es der Platz des Königs auf einem Schachbrett ist.

Für eine Nation, welche die Ausrottung erfahren und durch die Dunklen Tage erneut einer Vernichtung gefährlich nahegekommen war, wäre dies aber keine erfolgreiche Strategie.

Nach den Dunklen Tagen waren die Unterlegenen bereit, jede Forderung des Hochverratsvertrages bedingungslos zu akzeptieren. Dies geschah nicht aus der Freude am Unterdrücktwerden, sondern aus dem reinen Zwang heraus, eine Auslöschung um jeden Preis zu verhindern. Die Rebellen opferten ihr *Leben* für ein *Überleben*.

Gewiss erscheint dies bizarr und absurd, doch das ist es nicht. Niemand hat je behauptet, die Rebellen hätten nicht gehofft, nach einigen Jahren den Staatsvertrag neu auszuhandeln, nachdem die Nation und die Bevölkerung sich zahlenmäßig erholt hätte, auch in dem Bewusstsein für das Risiko durch starke Repressionen.

Nur im Angesicht der unmittelbar bevorstehenden Ausrottung und Vernichtung nahm man dies in Kauf. Was dies im Weiteren bedeutet, liegt auf der Hand. Ist nun nämlich die einzige Erfahrung der Distrikte, dass sich die Repression ins

Unendliche fortpflanzen kann, da die »Erbsünde« im ideologischen Sinne dogmatisch von Generation zu Generation weitergegeben wird. Die Sünde der Dunklen Tage pflanzt sich also geradezu biologisch fort, weshalb es den Menschen unmöglich ist, diese länger zu erdulden.

Snows Folgerung musste sein, dass es ganz klar sein musste, dass sich das System in dieser Form nicht länger erhalten lassen würde. Eine Folgerung, die sein eigenes Ende bedeutet hätte und ihm durch seinen Trieb zum eigenen Leben als erschreckend erscheinen mussten. Es ist nur nachvollziehbar, wenn er sich geblendet einem Eskapismus hingibt, dies nicht zu akzeptieren und der unendlich festen Überzeugung zu sein, man könne die Distrikte doch durch Gewalt weiter auf Kurs halten.

Und in »Snows Fall« kam dieses Licht von Plutarch Heavensbee. Als Biograph des Coriolanus muss Plutarch ihn sehr gut studiert und seine Art zu Denken verstanden haben. Es gelang ihm schließlich, Snow davon zu überzeugen, doch den Weg der Gewalt zu wählen. Seine Strategie war klar: die Zustände müssen erst schlechter werden, bevor sie sich bessern können.

Von Heavensbee fehlgeleitet verliert Snow seinen Kompass. Sein ruhiges, durchdachtes lebensbejahendes Abwägen wird zunehmend verdrängt von Verzweiflung, gerade aus einem eigenen Selbsterhaltungtrieb heraus. In der Folge begeht er schwere Fehler und auch ein Kriegsverbrechen. Er nimmt den Menschen alle Hoffnung. Es braucht immer einen Sieger bei den Spielen, damit es Hoffnung geben kann. Und kein Sieger bedeutet Hoffnungslosigkeit. Zwei Sieger bedeuten jedoch einen Funkenübersprung auf eine Hoffnung, mehr erreichen zu können, notfalls eine Rebellion anzustreben. Mit einem Mal misslingt Snow das geschickte Jonglieren mit der Hoffnung, was ihm über Jahrzehnte so gut gelang. Der Kompass auf Kurs »Hoffnung« wurde fehlgeleitet wie durch einen versteckten Magneten, den Heavensbee brachte.

Snows Versagen bestand also in der Verweigerung einer Akzeptanz gegenüber, dass er etwas nicht unendlich lange behüten kann, besonders in Bezug auf sich selbst. Diesen Fehler versucht er später zu korrigieren, in dem er die Rebellen in die Randbezirke des Kapitols vordringen lässt. Diese Kalkulation ging jedoch nicht auf, da längst Spione der Rebellen in den eigenen Reihen platziert waren.

Beim Versuch, seine Fehler zu korrigieren, verpasst er die Chance zur radikalen Akzeptanz, nämlich es zu akzeptieren, dass sich das System nicht erhalten lässt. Dies wäre nicht leicht gewesen, denn nicht wenige Mächtige waren wie Minister Antonius der Überzeugung, die Rebellen könnten aufgehalten werden. Nicht jeder war des Eskapismus überdrüssig und zur radikalen Akzeptanz bereit und fähig.

Jedoch war das Kapitol immer noch in einer vorteilhaften Situation und Snow hätte nicht die Kapitulation, geschweigenden bedingungslos verkünden müssen. Ein neu ausgehandelter Staatsvertrag hätte auch die Machtelite Panems überzeugen können. Es ist aber anzunehmen, dass Snows eigener Selbsterhaltungstrieb nach wie vor ungebrochen und er besonders motiviert war, gerade durch diese Einsicht eine Wende herbeiführen zu können. Er schätzte die Situation schlicht falsch ein, was in einem anhaltenden Dauerkrisenmodus nichts Unmenschliches ist.

»Das System ist zusammengebrochen.«

– Sprachstimme aus dem Kontrollzentrum

Katniss gesteht er später, er hätte ein Hoovercraft genutzt »to escape«, um zu *eskapieren*, zu entkommen. Um aus dem Exil das Präsidentenamt für sich zu beanspruchen? Dass er dies nicht tat, liegt darin begründet, dass er über keines mehr verfügte und nicht *eskapieren* konnte. Dieser Realität stellte er sich, als er seine Macht endgültig verlor. Auch Stalin ist nicht aus Moskau geflohen, als Truppen der Wehrmacht auf die Stadt vorrückten. Snow, der alles erreicht hatte, wollte vielleicht aber auch nicht als alter, kranker und unbedeutender Mann einsam und allein sterben. Sein Tod sollte ein Tod für die Ewigkeit sein, der »Beginn seiner Unsterblichkeit«.

Wie einst auch Cäsar, der alles erreicht hatte, und durch seine Hybris, seine Selbstverblendung sich als unantastbar empfand. Er stieg an den Ideen des Märzes die Stufen des Senats empor, alle Mahnungen ignorierend – von Calpurnias Traum bis zu der Schriftrolle des Apollodors, ein Diener Kleopatras – und lief in seinen Tod. Dass die Verschwörung zur Ermordung Cäsars geheim geblieben ist, ist unwahrscheinlich.[38] Hätte er Apollodoros Schriftrolle nicht weitergegeben, sondern gelesen – wäre die Geschichte anders ausgegangen? Die mächtigen Männer der Geschichte, von der sie sagen, dass sie es seien, die sie schreiben würden, sind oft nicht mehr als Spielbälle im Getriebe eben derselben, nichts weiter als mächtige Machtlose.

Snows Trieb ist der Drang zur Macht. Als sie ihm entglitt und seine letzte Wache gegen ihn war, ist diese Macht unter ihrem eigenen Gewicht in einem Kollaps zusammengefallen. Anders als andere Despoten, die versuchen selbst mit einer Kalaschnikow gegen eine Armee bis aufs Blut zu kämpfen – wie Lukaschenko in Belarus nach Protesten gegen sein Regime im Jahr 2020 –, akzeptiert er und sieht ein, dass er nicht *eskapieren*, sich nicht dem Eskapismus hingeben kann.

Hier zeigt sich Snows deutlichster Unterschied zu Hitler. Während der nekrophile Charakter alles getan hätte, auch zum Volkssturm aufzurufen und die »totale Vernichtung« durch einen »totalen Krieg« nicht nur in Kauf zu nehmen,

sondern sogar anzustreben, ringt sich Snow zum Lebensbejahenden durch und ist im Begriff, die bedingungslose Kapitulation zu verkünden, wie es einst die Rebellen taten.

Held und Antiheld

Dass die Kapitolkinder vor den Toren seines Anwesens sterben mussten, kann dabei auf ein Missverständnis zurückzuführen sein, aber es kann auch dem nekrophilen Charakter Coins geschuldet sein.

Coin verstand Snow möglicherweise als faschistoiden oder gar faschistischen nekrophilen Sadisten und schloss dabei vielleicht von sich auf ihn. Ihr Bestreben war es, live im Fernsehen zu übertragen, wie Snow die Kinder tötete, um sich selbst zu retten. Dies ist eine sinnlose Verschwendung an Leben.

Wenn Coin jedoch so kalkulierte, dass es Kräfte im Kapitol geben würde, die einen neuen Staatsvertrag niemals akzeptieren würden und sich der Bürgerkrieg über Jahre oder Jahrzehnte hinziehen oder vielleicht niemals enden würde, so kann man der Motivation hinter ihrer Anordnung vielleicht noch entfernt etwas Lebensbejahendes abgewinnen.

Daran anschließend jedoch nicht nur »die alte Garde« von »Mitverschwörern« um Snow zu töten, sondern mit Kapitolkindern Hungerspiele anzustreben, belegt vollends Coins nekrophilen, lebensverneinenden Charakter, wodurch sie Hitler nicht nur durch ihre dunkle Kleidung und ihrer Unfähigkeit zu Lachen[39] wesentlich näher kommt als Snow. Denn da alle *Kind* geworden sind, spricht Coin über alle Menschen im Kapitol. Vermutlich entwickelte sich dieser Charakter besonders nach dem Tod ihrer Tochter heraus. Nicht die Liebe zum Leben, sondern die Liebe zum Toten war das, was sie in dieser Zeit gefunden hat.

»Jeder Mensch ist auch fähig, sich vom Toten anziehen zu lassen, wenn es ihm nicht gelingt, seine primäre Möglichkeit zur Entwicklung zu bringen, nämlich sich auf das Leben zu beziehen als etwas, das ihn interessiert und ihm Freude macht, und wenn er seine Kräfte der Vernunft und Liebe nicht entwickeln kann. Gelingt ihm dies nicht, dann neigt der

Mensch dazu, eine andere Weise des Bezogenseins zu entwickeln: das Leben zu zerstören. Auch im Zerstören transzendiert er das Leben. Der Mensch kann das Leben transzendieren, indem er neues Leben schafft oder indem er Leben zerstört.«[40]

Coins Ziel war die vollkommene Ausrottung des Lebens, nicht nur im Kapitol. Hierzu nahm sie auch eine nahezu vollständige Ausrottung der Distrikte in Kauf, mit dem Endziel, Distrikt 13 mit seinen Bewohnern ins frühere Kapitol umvölkern zu können. Dieses Ziel darf aber nicht darüber hinwegtäuschen, dass sie insbesondere auch bereit war, das Leben der eigen Leute zu opfern. Coins Hass auf das Leben erwuchs zu einem Holocaust allen Lebens, der sich in einem Krieg Bahn brach, der die Menschheit total erfassen sollte. Ob sie vorsätzlich auf Prim zielte, ist daher irrelevant.

Was Coin bewusst verdrängt, aber unbewusst sogar anstrebt, ist die totale Vernichtung aller menschlichen Existenz auf dem amerikanischen Kontinent, vielleicht sogar auf der gesamten Welt. Denn eine Ausrottung aller Menschen im Kapitol würde auch unweigerlich dazu führen, dass es schon allein genetisch der übrigen Population schwerfallen dürfte, sich zu mehren und die Art zu erhalten. Ihr destruktiver, den Tod liebender Charakter zeigte sich unmaskiert nach ihrer Machtergreifung, so wie bei Hitler in den allerletzten Tagen.[41]

Snow ist nicht die oberflächlich wahrgenommene Verkörperung des Bösen. Tatsächlich muss Coin als wahre Antiheldin verstanden werden. Sie kann als »das Böse« gedeutet werden, Katniss und Snow als »das Notwendige zum Leben«. Beide töten nur aus bestimmten Gründen, um ihr biologisches oder politisches (und damit in einem totalitären Regime auch biologisches) Überleben zu sichern.

Je weiter sich die Geschichte entwickelt, desto mehr fallen Katniss und Snow zusammen. Das Gute muss stets an das Notwenige denken, so wie Katniss stets an Snow denken muss. An das Böse, an Coin, denkt niemand. Und so gerät es in Vergessenheit, es schlummert im Verborgenen, liegt im Dunklen und ist nicht offen sichtbar, und in Zeiten, in denen das Alte schon zu modern beginnt, das Neue aber noch hinter den Bergen liegt, schlägt die Stunde der Monster, und das Böse erwacht und greift nach der Macht.

Im Gegensatz zum Aussehen von Präsident Snow wird Präsidentin Coin oft in blassen, unangenehmen Farben beschrieben. Ihre Augen sollen wie Matsch aussehen und ihre Haut blass sein. Während Präsident Snow einen fauligen Geruch verbreitet, strahlt Präsidentin Coin einen faulen, fahlen Blick aus. Dies soll andeuten, dass beide gleichermaßen korrupt und böse sind, aber auf unterschiedliche Weisen.

Das Wort *Alma* bedeutet *Seele. Coin*, die Münze, weist auf Geld hin. Somit hat Alma Coin entweder eine »Seele aus Geld« oder sie bildet lediglich die zweite Seite ein und derselben Medaille zu Snow und wird nicht zögern, ihre Mitmenschen wie Schachfiguren zu verwenden und sie zu benutzen, um ihren eigenen *Profit* zu steigern.[42] Die Seele des Geldes, die Gier nach Profit steht dabei im Widerspruch zum entschieden sozialistischen Distrikt 13, deutet aber daraufhin, dass die sozialistischen Machthaber der Geschichte zuvorderst ihr eigenes Wohl im Blick hatten und sich durch Korruption selbst bereicherten.

Coin ist nicht die Friedensbringerin, sie ist die Verkörperung des Bösen, der *Liebe zum Toten.* »Ein etwas weniger leicht zu identifizierender Charakterzug des Nekrophilen ist die merkwürdige Unlebendigkeit seiner Unterhaltung. (.) Ein sehr intelligenter, hoch gebildeter, nekrophiler Mensch kann über Dinge reden, die an sich sehr interessant wären, (.) er bleibt steif, kalt, unbeteiligt; er stellt sein Thema pedantisch und unlebendig dar. (.) Ein Nekrophiler (.) ermüdet die Anwesenden im Gegensatz zu einem lebensliebenden Menschen, der sie lebendiger macht. (.)

Ein weiterer Aspekt der Nekrophilie ist das Verhältnis zur Farbe. Nekrophile haben meist eine Vorliebe für dunkle, das Licht absorbierende Farben, wie schwarz oder braun, und eine Abneigung gegen helle, leuchtende Farben. Man kann diese Vorliebe an ihrer Kleidung oder auch in den Farben beobachten, die sie wählen, wenn sie malen. (.)

Aber ob in der einen oder in der anderen Form, nekrophile Menschen sprechen auf schlechte Gerüche an. Wie schon zu vorbemerkt, gibt diese Faszination durch schlechte Gerüche derartigen Personen das Aussehen von ‹Schnüfflern›. Nicht selten ist diese Neigung zu schnüffeln auch im Gesichtsausdruck zu erkennen. (.)

Ein anderes Charakteristikum des Gesichtsausdrucks ist, dass der Nekrophile nicht richtig lachen kann. Sein Lachen ist in Wirklichkeit eine Art Grinsen; es ist unlebendig, (.) die Unfähigkeit, frei und unbeschwert zu lachen, sondern auch die allgemeine Unbewegtheit und mangelnde Ausdrucksfähigkeit des Gesichts.«[43]

Coin, deren Reden und Unterhaltungen oft langweilig, unbewegt und unlebendig waren und die wie Hitler nie frei lachen konnte,[44] glaubt – das gibt sie offen bei der Versammlung der überlebenden Sieger zu – alles nur mit Gewalt lösen zu können; ein wesentlicher Aspekt, der nur Peeta, Beete und vielleicht auch Haymitch aufgefallen, aber von anderen unbeachtet geblieben ist. Das *Böse* erhebt sich immer dann, wenn es nicht verstanden und nicht beachtet wird, wenn Gedankenlosigkeit und Engstirnigkeit herrschen.

Schwanitz gibt zu, dass Hitlers *Mein Kampf* eines der bedeutendsten Werke der Weltliteratur ist, weil es eben eine entsprechende Wirkungsgeschichte entfaltet hat. Er schreibt aber auch, es sei ein »unlesbares Gebräu aus Antisemitismus, Rassismus, Militarismus, Chauvinismus, Lebensraumtheorie, Geschichtsdeutungen und politischer Programmatik, das wegen der offenbaren Blödsinnigkeit niemand ernst nahm: ‹Mein Kampf› war das einzige Buch, das durch seine Unwirksamkeit wirkte.«[45]

Hannah Arendt beschreibt ebenfalls, dass man Hitler weder richtig verstanden noch ernst genommen habe: Man

muss sich »die an sich viel zahlreicheren Fälle vor Augen halten, in denen Hitler an Aufrichtigkeit und brutaler Eindeu-
tigkeit in der Definition der eigentlichen Ziele nicht das ge-
ringste zu wünschen übrigließ, die aber dann von einem auf
diese Konsequenz nicht vorbereiteten Publikum einfach
nicht zur Kenntnis genommen wurden.[46]

Sehr interessant in dieser Hinsicht ist ein Bericht von einer
Diskussion im Führerhauptquartier vom 16. Juli 1940, bei der
Rosenberg, Lammers, Keitel und Hitler anwesend waren
und während deren Hitler mit folgenden ‹grundsätzlichen
Feststellungen› begann: Wesentlich sei es nun, daß wir unsere Zielsetzung nicht vor der ganzen Welt bekanntgäben;...
Es soll also nicht erkennbar sein, daß sich (mit den Verord-
nungen für Ruhe und Ordnung in den besetzten Gebieten)
eine endgültige Regelung anbahne. ‹Alle notwendigen Maßnahmen – Erschießen, Aussiedeln – tun wir trotzdem und
können wir trotzdem tun.› Daran knüpft sich eine Diskussion der Anwesenden, die auf Hitlers Worte überhaupt nicht
Bezug nimmt und an der Hitler sich nicht mehr beteiligt. Er
war ganz offenbar nicht ‹verstanden› worden.«[47]

Der seltsame Fall des Coriolanus Snow

»Eine herausragende Intelligenz zeichnet sich durch die Fähigkeit aus, zwei gegensätzliche Vorstellungen gleichzeitig zu vertreten und dennoch handlungsfähig zu bleiben.«

– Carl von Clausewitz[48]

Der Rosenpräsident[49]

Collins war die shakespearesche Vorlage des historischen Coriolanus gut bekannt, wie sie in einem Nachwort des Vierten Buches schreibt. Shakespeares Coriolanus ist stolz, er verachtet das gemeine Volk, er ist ein Trotzkopf, aber jemand, der zu seinen Wahrheiten steht. Er ist ein Mann im Machtzentrum, ein Außenseiter, er ist Krieger und wird zum Botschafter des Friedens. Er geht auf in der Liebe zu Rom, welches er gegen die Volsker verteidigt, und mit diesen gegen dasselbe kämpft.

Collins scheint es sich zur Aufgabe gemacht zu haben, diesen ambivalenten Charakter in ihren Beschreibungen zu trennen. Coriolanus selbst ist kein Kind mehr, er ist erwachsen geworden. Er steht nicht lautstark zu seinen Wahrheiten, er hat das Schweigen gelernt. Snow durchschaut die Maschen und Mechanismen der Macht und steigt so auf zum Präsidenten Panems. Collins Coriolanus hat wichtige Lehren gelernt. Er ist ein Mann, der auch Krieg zu verantworten hat und das Kapitol gegen jede Rebellion verteidigt.

Das Trotzköpfige, das Außenseitersein, das Weigern, sich an geltende Normen anzupassen und sich ihnen zu unterwerfen, all das hat Collins aus Shakespeares Coriolanus extrahiert und in Katniss gegossen. Katniss wird zur Botschafterin des Friedens. Sie ist Kind geblieben. Ihr Hass gilt den »Patriziern«. Sie geht auf in dem Hass gegen das Kapitol, gegen welches sie kämpft, so wie Marcius nach seiner Verbannung mit den Volskern gegen Rom.

Snow und Katniss sind untrennbar miteinander verbunden, sie kennen einander so gut wie niemand sonst. Beide Figuren gehen auf im Shakespeares Coriolanus, der der tatsächliche »Held« der *Tribute von Panem*-Geschichte ist. So verwundert es nicht, dass er im Mittelpunkt des vierten Buches steht, das eben genau das ist, da es untrennbar mit den ersten Dreien zusammenhängt und nicht als eigenständiges Werk gesehen werden darf. Eine eigenständige, ausführliche Analyse zu Katniss Charakter wird dadurch überflüssig. Sie ist bereits im shakespeareschen Coriolanus enthalten. Und obschon Präsident Snow in über acht Stunden Filmmaterial lediglich etwa 20 Minuten* zu sehen ist,[50] so ist er doch stets omnipräsent durch Katniss und besonders ihre Gedanken.

Das Absonderliche an Snow und Katniss ist, dass obgleich sie einander Opponenten sind, sie sich dennoch stets komplementär vervollkommnen. Snow und Katniss werden zu Jekyll und Hyde, zu Faust und Mephisto, sie sind Ego und *alter Ego*. Es ist der Widerspruch und der Konflikt zwischen Gut und Böse, Liebe und Hass, Kreativität und Destruktivität. Am Ende implodiert die Macht in Panem, alles wird zu Kind, auch Coriolanus wird Kind, als dass er nur noch durch Katniss lebt. Wie auch Coriolanus vor seiner Mutter zusammenbricht und sich im höchsten Infantilismus fast schon wieder in sie hineinkriechen möchte, so implodiert auch das Machtgefüge in Panem und zieht sich in ein Vakuum zurück. Es ist das Totalwerden des Totalitären, alle sind wieder Kind.

Es ist der seltsame Fall des Coriolanus Snow. Snow war ein Symbol, wie ein Siegel an der Tür, also wie ein Ding, nicht wie ein Mensch. Er lebte als Symbol, und er starb als Symbol. Sein Leben gehörte Panem, so wie sein Tod.

Im Augenblick seines Todes, fühlte er sich *lebendig*. Katniss und Snow, deren Art zu leben im »Haben« verwurzelt war, rangen sich zum Sein durch. Wann immer Snow mit Peeta sprach, betonte Snow das »Sein«: »Ich bin ein Symbol«, »das ist keine Bitte« und er spricht viel von Peetas natürlicher Ausstrahlung. Aber Snow selbst ist immer noch ein *Symbol*, ein Ding, kein Mensch. Gegenüber Katniss spricht er viel über das Haben. Wenn er zu Katniss sagt: »Ich habe ein Problem«, drückt er damit aus: Er *ist* der Habende, sie ist die Nicht-Habende. Das Problem wirkt von außen auf ihn ein, es berührt ihn nicht innerlich. Er ist nicht verantwortlich, er *hat* Verantwortung.

---

* Etwas großzügiger geschnitten können es auch 25 oder an die 30 Minuten sein, was in der Gesamtheit von fast 500 Minten Filmmaterial jedoch immer noch sehr scharf begrenzt ist.

»In den zweihundert Jahren seit der Zeit, in der Du Marsais lebte, hat die Tendenz, Verben durch Substantive zu ersetzen, Ausmaße angenommen, die sich selbst Du Marsais kaum hätte vorstellen können. Ein typisches, wenn auch leicht übertriebenes Beispiel aus dem heutigen Sprachgebrauch sei hier gegeben: Nehmen wir an, eine Frau eröffnet das Gespräch mit einem Psychoanalytiker folgendermaßen: ‹Herr Doktor, ich habe ein Problem.› Einige Jahrzehnte früher hätte die Patientin anstelle von ‹Ich habe ein Problem› sehr wahrscheinlich gesagt: ‹Ich bin besorgt.›

Der moderne Sprachstil ist ein Indiz für die heutige Entfremdung. Wenn ich sage: ‹Ich habe ein Problem› anstelle von ‹Ich bin besorgt›, dann wird die subjektive Erfahrung ausgeschlossen. Das Ich, das die Erfahrung macht, wird ersetzt durch das Es, das man besitzt. Ich habe meine Gefühle in etwas verwandelt, das ich besitze: das Problem. Ein ‹Problem› ist ein abstrakter Ausdruck für alle Arten von Schwierigkeiten. Ich kann es nicht haben, da es kein Ding ist, das man besitzen kann, allerdings kann das Problem mich haben; genauer gesagt, habe ich mich dann in ein ‹Problem› verwandelt, und meine Schöpfung hat Besitz von mir ergriffen. Diese Art zu sprechen verrät die versteckte unbewußte Entfremdung. (.)

Dennoch zeigt die Sprachgeschichte des Wortes ‹haben›, daß es ein echtes Problem aufwirft. Für jene, die glauben, daß ‹haben› eine höchst natürliche Kategorie innerhalb der menschlichen Existenz ist, mag es überraschend sein, wenn sie erfahren, daß es in vielen Sprachen kein Wort für ‹haben› gibt. Im Hebräischen muß ‹ich habe› zum Beispiel durch die indirekte Form ‹jesh li› (es ist mir) ausgedrückt werden. Tatsächlich gibt es mehr Sprachen, die Besitz in dieser Weise ausdrücken, als durch ‹ich habe›. Bemerkenswert ist, daß in der Entwicklung vieler Sprachen die Konstruktion ‹es ist mir› später durch die Konstruktion ‹ich habe› ersetzt wird, während eine umgekehrte Entwicklung, wie Emile Benveniste gezeigt hat, nicht festzustellen ist.

Diese Tatsache scheint darauf hinzudeuten, daß sich das Wort ‹haben› in Zusammenhang mit der Entstehung des Privateigentums entwickelt, während es nicht in Gesellschaften mit funktionalem Eigentum, das heißt Eigentum für den Gebrauch vorkommt.«[51]

Ob Snow seine Formulierung Katniss gegenüber bewusst gewählt hat oder unbewusst, weil zu dieser Zeit er sich selbst klein und ohnmächtig fühlte angesichts der aufkeimenden Umbrüche in Panem, oder Katniss ihn vielleicht an eine frühere und verlorene Liebe erinnerte und so sein *inneres Sein* erodierte und er daher sein *äußeres Haben* betonen musste, bleibt eine offene Frage.

Später wiederholt er die Betonung des Habens: »Ich habe nur dich im Auge gehabt, wie du mich.« Interessant ist hier die grammatikalische Verwendung des *present perfect progressiv*. Statt »I was watching« betont er, dass dieser Zustand nach wie vor anhält und nicht abgeschlossen ist. Noch immer hat Snow nur Katniss im Auge, und Katniss nur Snow. Coin spielt weiterhin beide gegeneinander aus.

Snow tötet nicht willkürlich. Er tötet nicht laut und theatralisch wie durch öffentliches Verbrennen bei lebendigem Leibe, er lässt nicht enthaupten und den abgeschlagenen Kopf aufspießen und durch die Straßen tragen.[*]

Er tötet, wenn es für ihn notwendig erscheint, um Leben zu erhalten. Er tötet mit Gift. Leise und effektiv. Das Gift wirkt schnell. Der Tod wird mit geringst möglichen Schmerzen herbeigeführt und gewährt so ein Mindestmaß Rest an Würde.

Dies kann, wie wir gesehen haben, jedoch nicht seine Hauptmotivation gewesen sein. Vielmehr zeigt sich hier sein eigenes Arrangieren mit seinem Handeln und eine gewisse Konfliktscheu, besonders im Konflikt mit sich selbst. In ihm

---

[*] Hier muss ich ausdrücklich darauf hinweisen, dass ich mich lediglich auf die durch »seine Hand«, nicht durch seine Anordnungen im Allgemeinen getötete Menschen beziehe.

trifft das Lebensbejahende auf seine sadistische Vorprägung, einem Erbe der eigenen Kriegserfahrung.

Es gibt den guten Snow, es gibt den bösen Snow. Es gibt den geschickt umfahrenden Snow, es gibt den gnadenlos umfahrenden Snow. Beide sind untrennbar miteinander verbunden. Coriolanus ist kein kriechendes Geschöpf, er hat Flügel. Schnee fällt vom Himmel herab wie der Gesandte Gottes – und er legt sich immer auf uns nieder wie ein dicker Wintermantel.

Sutherland sagte einmal: »Manchmal tötet er, wenn er Gründe dafür hat. Aber Lyndon Johnson hat auch viele Menschen getötet. Und was wir mit unseren Drohnen heute machen, ist nicht sehr weit weg davon. Ich mag ihn.« Ich weiß nicht, ob ich Snow mögen würde. Er wirkte oft reserviert auf mich, war er auf der persönlichen Ebene ein recht verschlossener Mensch. Aber wie ja schon Columbo einmal sagte: »Etwas nettes ist an jedem Menschen.«

Ich lebe in Zeiten des Friedens. Ich verurteile Snow nicht für seine Art Mensch zu sein. Ich respektiere ihn. Ich würde sogar sagen, für die Verhältnisse der sadistischen Gesellschaft, in welche er hineingeboren wurde, war er in gewisser Weise ein *guter* Mensch; jedoch war er weder Held, noch Antiheld, er war vielmehr etwas wie ein bösartiger Held oder ein gutmütiger Bösewicht, er war eine Synthese, eine Symbiose aus beidem. Er war wie das Bindeglied zwischen *Gut* und *Böse*. Er flog nie zu hoch in den Himmel, er ließ sich aber auch nie auf die Erde nieder. Er stabilisierte sich zwischen beiden Polen.

Snow war das größte Glück von Panem, weil er Leben nur aus ganz bestimmten Gründen nahm und gerade nur so viel, wie es nötig war. Die Spiele entarteten nicht zu einem monatlichen, wöchentlichen oder tagtäglichen Schlachtfest, in denen abertausende Kinder den Tod fanden und Panem sich selbst schließlich bis an den Rand der Selbstausrottung trieb.

Snow war Panems größtes Unglück, weil sein Schicksal untrennbar mit seinem eigenen Machterhalt verbunden war.

Der Fortschritt war der historische Preis, das Opfer für die Stabilität, die Panem Sicherheit verlieh, ehe die Macht erneut unter ihrem eigenen Gewicht in sich zusammenfiel und in den Seiten der Geschichte unterging.

Allein *Snow landet immer oben.*

Postludium

»Panems Geschichte« hat zum Gegenstand eine Parodie auf die animalischen Triebe des Menschen, den auf sich selbst konzentrierten Homo oeconomicus, der stets auf seinen eigenen Vorteil bedacht ist und durch Ausbeutung anderer mehr und mehr Reichtümer anhäuft, und die Spaltung in Arm und Reich. Es ist eine Satire auf die moderne Medienwelt, die Technik, den Fortschritt, ja eine Kritik des exzessiven, exponentiellen Wachstums der heutigen Zeit, an der Ausbeutung der Natur und der Verschwendung natürlicher Ressourcen. Die Atmosphäre ist beherrscht von Krieg, Krisen und Terror.

Coriolanus, ein Mensch mit einem schweren Gang, in frühen Jahren ein gepeinigter Außenseiter, doch klug genug, um sich Anerkennung zu erlangen, greift nach der Macht und erlangt diese nach dem Krieg der Dunklen Tage. Beim Wiederaufbau hat er sich verdient gemacht, doch seine Persönlichkeit ist gebrochen, übrig bleibt ein opportunistischer Machtmensch.

Doch Panems Geschichte ist mehr als nur eine dunkle Schauergeschichte. Coriolanus gab nie die Hoffnung auf Glückseligkeit auf, er verlor nie die Hoffnung auf das Gute. Der Standesverfall seiner Familie, sein Dasein in Einsamkeit und Ungenügsamkeit wie auch seine Sehnsucht nach Liebe zu Menschen, zu denen er aber nie durchzudringen vermag, das alles führt dazu, dass er mit menschlichen Gefühlen fremdelt und sie zu meiden versucht, weil sie unbeherrschbar sind.

Coriolanus kann sein niederes Dasein nicht länger ertragen, er ist ein Objekt fremder Machtinteressen; in ihm erwächst der Drang nach Vergeltung, nach Rache, nach Macht. Die Geschichte erzählt uns nicht nur das Leiden und die Gräuel des Coriolanus, sie erzählt uns auch vieles über die Hintergründe, über das Dasein und Empfinden anderer Cha-

raktere. Die Unerbittlichkeit des Zufälligen, des Unberechen-
baren hinterlassen ihre Spuren, und der Protagonist bündelt
die Summe des Erfahrenen im Kern.

Coriolanus ist gefeierter Messias, ein gottgleiches Genie,
ein Mörder und Tyrann zugleich, er ist ein autistoides Monster, ein Kriegsverbrecher, doch am Ende nur ein Opfer
fremdbestimmter Umstände. Coriolanus ist ein *Symbol* für
das Versagen des immer weiter hoffenden Guten im Menschen angesichts äußerer Umstände, ein Mahnmal der Geschichte.

Menschen kommen und gehen, eben das ist das Leben –
doch sie töten und verüben Gewalt, auch das gehört zum Leben. Misstrauen, Eifersucht und Egoismus sind denkbar
schlechte Voraussetzungen für ein friedliches, harmonisches
Miteinander, ein sicheres Leben der Menschen in Wohlstand
und Zufriedenheit.

Doch auch wenn sich Tragödien, Dramen wohl niemals
zur Gänze vereiteln lassen werden, so geht das Leben dennoch immer weiter, es findet seinen Weg – wie künftige Ge-
nerationen ihre Zukunft gestalten mögen, ob kreativ oder ihr
Glück verspielend, dies lässt sich niemals mit Gewissheit
vorhersagen. Coriolanus Leiden über viele Jahre bestand
eben darin, keinen Seelenfrieden finden, die Vergangenheit
nicht verarbeiten zu können. Zurück bleibt Coriolanus allein
und innerlich aufgezerrt. Er mag formal zwar noch immer
die Macht in sich vereinen, doch die Fäden ziehen in Wirklichkeit schon seit Langem andere, er ist nur noch eine Marionette diffuser Machtinteressen, gezeichnet von seinem hohen Alter.

Die Warnung für uns besteht nun in dem Folgenden: Es
mag gleich sein, ob es um das Verhältnis zu Familienmitglie-
dern (die man sich bekanntlich nicht aussuchen kann) oder
um unsere Freunde geht, die Warnung an uns ist die, dass
wir einander nicht als Feinde begreifen sollen. Vergebung

mag sehr idealisiert erklingen, doch schlussendlich liegt allein hier der Schlüssel zu unserem aller Seelenfrieden. Und bis wir diesen finden können, bedarf es gewiss auch Zeit.

Zeit heilt alle Wunden, heißt es. Ich glaube das nicht, aber ich bin mir sicher, dass Zeit sehr viele Wunden heilen kann. Zeit schafft Distanz, wir können die Dinge, das Erlebte anders bewerten, neutraler, objektiver. Lösen wir uns von einem dichotomen Schwarz-Weiß-Denken und erweitern unseren Horizont, so kann neben unserer Weltsicht auch eine andere bestehen.

Wenn wir dies schaffen, so mag das, was sich in Panem als unabwendbar, gar als kosmische Notwendigkeit erweist, uns in unserer Welt sicher nicht heimsuchen, zumindest dürfen wir darauf hoffen; wir sollten eigentlich doch klug genug sein, um dies erkennen zu können.

Wir sind alle Individuen. Denken wir nicht in Schubladen, ordnen Menschen nicht nach Maß in vorgefertigte Kategorien ein. Es mag zwar, so Albert Einstein einmal, schwerer sein eine vorgefasste Meinung zu zerschlagen als ein Atom, doch um jedes Wesens Willen sollten wir uns dennoch darum bemühen, es wenigstens zu versuchen.

Selbst bin ich nicht sicher, ob ich an Gott glaube, und wenn es so wäre, dann wäre noch immer völlig unklar, ob es der gleiche Gott ist, an den andere glauben. Doch ich kann sagen, ich glaube an die Menschen, an ihre Vernunft, ihren Sinn für Humanität und Gerechtigkeit. Ja, es gibt Gott, gewiss. Gott ist die reine Vernunft, das, was die Welt zusammenhält. Gott ist das kollektive Bewusstsein einer Zivilisation.

Freilich gelangt auch er zu Fehlentscheidungen und handelt falsch, doch dieser Gott, unser kollektives Bewusstsein, eben das Prinzip, welches universell gilt und dem Staat zugrunde liegt, führt uns schlussendlich zum *Guten*. Der Staat mag an sich keine Universalie sein, doch das ihm zugrundeliegende Prinzip ist es gewiss. Und solange wir an eben dieses Prinzip glauben, glauben können, werden wir unsere Zukunft selbst, nicht von dunklen Mächten fremdbestimmt, konstruktiv und in unserem Sinne und dem der Humanitas gestalten können.

Wir sind eben doch alle aufeinander angewiesen. Ganz gleich, wie groß eines jeden Anteil sein mag, er ist doch ein Zahnrad im großen System, das wir das Leben nennen. Kein Mensch ist unersetzbar, jeder Mensch ist einzigartig. Für die Summe aller Dinge mögen manche Menschen vielleicht etwas weniger verzichtbar sein als andere, doch wir dürfen nie vergessen, wie wir dorthin gelangten, wo wir stehen.

Manch einer ist über seine Lage nicht glücklich, gewiss nicht, doch wenn wir als globales Kollektiv das Recht des Menschen auf Glück achten, Hand in Hand zusammentragen, was der Kosmos uns zur Verfügung gab, wenn wir einander stützen und beistehen, einander bereichern, so kann man wahrhaftig sagen, wir konnten aus der Geschichte Coriolanus *wahre* Lehren ziehen.

Meine Arbeit an *Panems Geschichte von Brot und Tod* ist nun vorerst abgeschlossen. Die Panem-Forschung jedoch ist nicht vollendet, sie hat einen Anfang bekommen. Der Widerstand gegen die Unterdrückung hat begonnen, aber er darf niemals enden. Das »Reich der Kraft, der Herrlichkeit und der Ewigkeit« ist Eutopia. Es »erscheint am Horizont, aber wir müssen es uns selbst nehmen.«

Es ist der Traum von einem freien Panem, das sich fortan *Eutopia* nennt. Es ist die Mockingjay-Revolution.

Plutarch

Aus der ersten Parallelbiographie
anlässlich des 7. Jahrestages der neuen Republik Panem.

4. Entstehungsgeschichte und Schreibprozess

Die erste Begegnung

Meinen ersten Kontakt mit dem ersten Film der *Die Tribute von Panem*-Trilogie hatte ich während meines Abiturs im Englischunterricht gegen Ende des Jahres 2015 – also vor nun schon fast sieben Jahren. »Was für ein Irrsinn«, war mein erster Gedanke, so einen »Fantasy-Wahnsinn« wie *Die Chroniken von Narnia* oder *Der Herr der Ringe* konnte ich zu dieser Zeit überhaupt nicht mögen. Damit möchte ich Fans dieser Filme und Bücher nicht zu nahe treten; es entsprach nun mal aber meiner damaligen Einstellung.

Doch bereits nach wenigen Minuten schlug mein Desinteresse in Interesse um. Ich war in gewisser Weise nicht nur fasziniert, sondern geradezu gefesselt. Und je mehr ich von dem ersten Film sah, desto mehr dachte ich mir: »Das ergibt alles überhaupt keinen Sinn.« Später sah ich den zweiten Film und geriet als logisch denkender Mensch besonders an dessen Ende fast an den Rand eines Nervenzusammenbruches. Daher habe ich mir abgewöhnt, Panem *wörtlich* zu verstehen zu versuchen.

Die Filme hatten etwas Tieferes und es gab viele Faktoren, die mir das Gefühl gaben, hier ein ganz besonderes Werk vorgefunden zu haben, das die Mühe zum Verstehen wert ist. Schließlich ist Goethes faustische Hexenküche nicht weniger wirr und in sich verdreht. Es ist die Herausforderung der Dechiffrierung. Seither habe ich Tag ein, Tag aus eigentlich kaum etwas anderes gemacht, als mir den Kopf über *Brot* zu zerbrechen, und an manchen Tagen war ich damit fast vollkommen überfordert.

Es hat viel Mut erfordert, sich einer Aufgabe zu stellen, die ohne offenkundigen Nutzen ist. Aber wie die Zahlentheorie lange sich selbst ein Selbstzweck war und erst durch die RSA-Verschlüsselungstechniken einen Mehrwert gewann, so sollte sich auch meine *Panem*-Forschung schließlich auszahlen.

Seit Goethes *Faust* hat die Welt der Kunst ein kaum so monumentales, geradezu allumfassendes Werk mehr gesehen wie es die *Tribute von Panem* darstellen. Da beziehe ich selbstbewusst Position. Und eben dieses Werk zu verstehen, ist entsprechend nicht leicht. Es ist eine Herausforderung.

Dieser stelle ich mich in dieser fünfbändigen Buchreihe, welche über weite Teile innerhalb weniger Monate im Jahr 2021 entstanden ist. Doch die Gedanken dahinter sind jahrelanger Auseinandersetzung zu verdanken. Und bei vielen Dingen habe ich das Gefühl, noch mehr lesen zu müssen, um Collins Werk und das der Regisseure vollumfänglich und noch genauer verstehen zu können.

Es geht darum, das Wesen der Macht begreifbar zu machen und seine feinen Maschen zu durchdringen. Collins Werk eignet sich als literarischer Zugang zu dieser Gedankenwelt sehr gut.

Formen des Diskurses

Zur Methode meines Schreibstiles habe ich mich für zwei wesentliche Diskursformen entschieden, die ich kurz erläutern möchte: den *kreiselnd zirkulierenden Diskurs* und den *strukturiert konstruierten Diskurs*.

Unter dem kreiselnd zirkulierenden Diskurs, dem *Ammonit*- oder *Schneckenhausdiskurs*, verstehe ich eine philosophische Herangehensweise an einen Gegenstand, welcher im Zentrum liegt, derart, sodass der Diskurs im Kreis um diesen zirkulieren kann. Dabei wird der Radius immer kleiner, sodass sich die Kreislinien immer näher an das Zentrum annähern, ohne es jedoch erreichen zu können. Die Natur dieses Diskurses ist eine philosophische.

Sie ist oft schwammig und »redet um den heißen Brei herum«. Daher ist sie nicht für jeden Diskurs geeignet, son-

dern besonders für die solchen, welche eigenständige Überlegungen neu einführen möchten. Durch das Kreiseln
kommt man immer wieder nahe an alten, bekannten Stellen
vorbei, sodass dieser Diskurs ein sich selbst korrigierender
ist, da Fehler und falsche Annahmen erkannt und überarbeitet werden können.

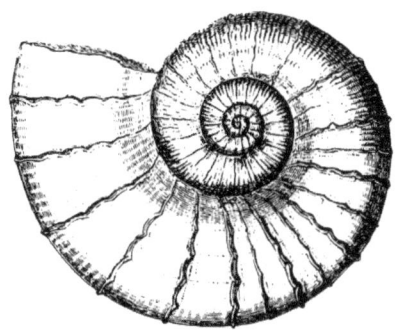

Das Schneckenhaus

Der strukturiert konstruierte Diskurs, der *Pyramidendiskurs*,
ist eine mehr wissenschaftliche Herangehensweise. Der Gegenstand wird hoch oben aufgehängt und muss durch die
Konstruktion eines Gerüstes angenähert werden; er ist dabei
aber nie ganz erreichbar. Die Vorgehensweise ist ein abwech-
selndes oder kombiniertes Aufbauen von Säulen, welche aus
Voraussetzungen gemacht sind, und darauf liegenden Stufen, welche die sich daraus ergebenden Folgerungen sind.
Der Diskurs ist klar zielorientiert.
Der Nachteil dieses Diskurses ist jedoch, dass wenn nur eine
einzige Voraussetzung falsch ist, das ganze Gedankengebäude in sich zusammenzufallen droht. Dies muss nicht notwendigerweise geschehen; man kann oft auch durch hand-
werkliches Geschick Nachbesserungen anstellen.
   Als Mathematiker ist mir diese Form des Diskurses sehr
vertraut. Viele wunderschöne Beweise erweisen sich als voll-

kommen unnütz, weil sich kleine Ungenauigkeiten in den aller ersten Voraussetzungen einfach nicht beheben lassen wollen. Dies erfordert eine hohe Frustrationstoleranz und als Mathematiker muss man daran gewöhnt sein, oftmals zu neun Zehnteln »für den Papiermülleimer« zu schreiben.

Dieser Diskurs eignet sich daher besonders für das Zusammentragen bereits gut durchdachter und erarbeiteter Thesen.

Die Pyramide

Zwischen diesen beiden Diskursformen wechsle ich also je nachdem, ob es um das *Einführen* neuer Gedanken geht, oder um das *Zusammentragen* plausibler Thesen.

Beide Formen lassen sich auch kombinieren zu einem *Wendeltreppendiskurs*. Er vereint beide Vorteile auf sich, ist jedoch nicht zuletzt deswegen aber auch sehr herausfordernd, für den Autor wie für den Leser.

Die Wendeltreppe

Der Entstehungsprozess

Der Titel meiner Panem-Forschung ist ein Wortspiel: *Snow-fall* – »Snows Fall«. Die deutsche Sprache ermöglicht mir diese Spitzfindigkeit: Es ist zum einen ein *Fall* seltsamer psychoanalytischer Natur; zum anderen waren jedoch auch die Umstände, die zum *Sturz* von Präsident Snow führten, nicht minder seltsam.

Engagierte »Fans« der Filmreihe haben anlässlich des damals neuen Films *Mockingjay II* im Oktober 2015 in nur drei Wochen ein Porträt von Präsident Snow in eine Felswand im Steinbruch der Firma Graser in Breitbrunn gemeißelt, die sie anschließend sprengten.[52] Das Werk ist zehn Meter hoch und wiegt etwa 100 Tonnen.[53] Das Video ging auf Twitter @studiocanal_de unter dem #snowfall viral.[54]

Da soll noch einmal jemand sagen, die Deutschen seien an sich keine Revolutionäre!

#SNOWFALL

Zwar habe ich meine Arbeit an Panems Geschichte – unabhängig von den Steinbrucharbeiten – etwa zur gleichen Zeit begonnen, doch dauerte es nicht drei Wochen, auch nicht drei Monate oder drei Jahre, sondern schließlich fast sieben Jahre, bis ich ein vollständiges Resümee aus der Erzählung eines Landes ziehen konnte, das den Kinderhass zum Staatskult erhoben hat.

Im Wesentlichen möchte ich zwei Kernthesen, die ich sowohl in der Hauptreihe als auch im erweiternden Band erarbeitet habe, in ihrer Entstehungsgeschichte skizzieren.

Die Studien zum autoritären Charakter von Erich Fromm waren mir bekannt, nachdem ich 2016 oder 2017 sein Buch *Anatomie der menschlichen Destruktivität* gelesen und verstanden habe. Sadismus und Masochismus hängen miteinander zusammen und bilden eine Symbiose.

Dass Menschen, die herrschsüchtig sind, etwas Kindliches an sich haben, konnte ich jedoch erst 2020 beobachten. Nach einer intensiven Recherche fand ich den Begriff »Infantilismus«, der meint, dass Erwachsene sich wie kleine Kinder verhalten. Sie leben in ihrer eigenen Welt, in der sich alles nur um sie dreht und in der sie über alles und jeden bestimmen können. Damit habe ich einen Zusammenhang zwischen dem autoritären Charakter und Infantilismus gefunden.

Kinder glauben noch an »magisches Denken«. Nachdem ich im Jahr 2021 – während der Corona-Pandemie – dazu kam, Hannah Arendts Buch *Elemente und Ursprünge totaler Herrschaft* zu lesen, stolperte ich über eine Zeile, in der sie sinngemäß schrieb, dass die totalitäre Masse nicht an die Existenz von Wahrheit glaube.

Unter den Eindrücken der FakeNews und »alternativer Fakten« erhielt diese Feststellung aus den 1960er Jahren durch die totalitäre Trump-Bewegung und andere populistische und radikale Parteien in Europa eine unheimliche Aktualität.

Zugleich gelang es mir aber auch, den gedanklichen Bogen zwischen Infantilismus und Totalitarismus zu ziehen. Der infantile Trotz und das Leugnen von Fakten und Wahrheit – wie es etwa Trump tat – erschien plötzlich als ein kindischer Tobsuchtsanfall.

Dass schließlich der autoritäre Charakter mit Totalitarismus zusammenhängt, verstand sich von selbst. Damit ergab sich ein »magisches Dreieck«, aus dem erkennbar wurde, dass der autoritäre Charakter, Totalitarismus und Infantilismus nicht nur zusammenhängen, sondern einander begünstigen und verstärken, aber auch ähnliche Ursprünge miteinander teilen.

Schließlich bemerkte ich, dass all diese drei Eigenschaften Elemente des Faschismus sind. Dass ranghohe Nazis wie Himmler an mystischen Ritualen teilnahmen, erschien plötzlich wie das Mitspielenwollen in einem Kinderzeichentrickfilm.

Auch stellte ich fest, dass Faschismus und die Liebe zum Toten – als Folge des gescheiterten Versuches, Leben zu leben – miteinander untrennbar zusammenhängen. Ihre Ursprünge sind oftmals die Gleichen und demnach bilden sich sowohl faschistische als auch nekrophile Charakterelemente simultan heraus. Zwischen beiden Begriffen ist zu differenzieren, jedoch fallen sie in den »Menschenmassen«, wie Wilhelm Reich sie nannte, zusammen und sind nicht mehr voneinander zu unterscheiden.

Eine wichtige Frage, die sich bei »Panem« förmlich aufdrängt, ist die, weshalb Menschen den Tod mehr lieben als das Leben. Dies ist die zweite wichtige Kernthese meiner Arbeit. Wenn nämlich Leben ungelebt bleibt, es unterdrückt wird oder der Versuch, es zu leben, scheitert, dann bleibt dem Menschen, der dem Leben nicht kreativ und produktiv gegenübertreten kann, nur noch übrig, destruktiv zu werden und etwas zu zerstören.

Ein gutes Beispiel konnte ich im Laufe der letzten Jahre beobachten. Dabei beziehe ich mich auf eine Frau, die zwei Kinder hatte, die ihr ein und alles waren. Nach einem Unfall aber
starb eines der Kinder. Die Mutter, die früher lebendig und
aktiv war, wurde tot und passiv. Die Trauer um den Verlust
ihres einen Kindes ergriff so sehr Besitz von ihr, dass die das
Leben des anderen Kindes kaum mehr wahrnahm.

Sie soll nur noch wenig mit ihm gesprochen haben. Oft ar-
beitete sie im Büro, sortierte Unterlagen und legte Karteien
an. Abends spielte sie auf ihrem Tablet Spiele und an den
Wochenenden unternahm sie keine Ausflüge mehr mit ihrem Kind. Wirklich fei lachen konnte sie auch nicht mehr. Ihr
ganzes Leben war bezogen auf das Tote der Mechanik, der
Technik, vollkommen abgewendet von der Lebendigkeit des
Lebens ihres verbliebenen Kindes.

Es ist daher für mich gut vorstellbar, dass erst durch den
Tod ihrer Tochter auch Präsidentin Coin einen nekrophilen
Charakter stark herausbildete. Grundlage dieser Überlegungen war das Konzept von der biophilen und der nekrophilen
Ethik von Erich Fromm. Tatsächlich fand ich auch deckungs-
gleiche Gedanken in seinem übrigen Werk einige Zeit später,
was mich darin bestärkt zu glauben, dass meine Folgerungen
richtig sein können.

Daraus folgt, dass in jedem von uns bestimmte Elemente
zu finden sind, die unter ganz bestimmten Bedingungen sich
entzünden können und etwas aus uns hervorkommt, sodass
wir nicht mehr wir selbst sind. Besonders die Massen sind
leicht anfällig dafür, da der Einzelne anonym bleibt und
nicht anders handelt als die übrigen Mitglieder seiner
Gruppe.

Insbesondere die Entgleisungen während der Corona-Pandemie und die Radikalisierung von Klimaschutzbewegun-
gen zeugen von einer großen Verzweiflung und Hilflosigkeit
im Angesicht einer alles Leben bedrohenden Gefahr und er-
innerten mich daran, was Erich Fromm über die Zeit des Kal-
ten Krieges schrieb, nämlich dass die Großmächte keinen

Frieden schlossen und abrüsteten, sondern sich in Planspielen die apokalyptischsten Szenarien ausmalten.

Das alles bildet einen fruchtbaren Nährboden für den Faschismus oder wie ich es beschrieben habe: den Neuen Faschismus, der als Erbe aus dem alten hervorgegangen ist. Diese Bedrohungen – nämlich aus uns selbst heraus – zu erkennen und zu verstehen, erfordert analytisches und logisches Denken, mit dem die Zukunft der Menschheit in diesem Jahrhundert oder sogar darüber hinaus stehen oder fallen wird.

Anhang: Diktatur und Widerstand

Zwei Einleitungen. Zwei Mahnungen.

a) Niccolo Machiavelli: Unsere Erziehung und die Bedrohung der Republiken

Bereits im 16. Jahrhundert schrieb Machiavelli:

»Wie falsch oft die Ansichten der Menschen sind, sah und sieht jeder, der Zeuge ihrer Beschlüsse ist. Ja, werden diese nicht von hervorragenden Männern gefasst, so verstoßen sie oft gegen alle Wahrheit. Da nun hervorragende Männer in verderbten Republiken, besonders in ruhigen Zeiten, aus Neid und Ehrgeiz angefeindet werden, so geschieht meist das, was aus einem allgemeinen Irrtum für gut erklärt oder von Leuten vorgeschlagen wird, die mehr die Gunst als das Wohl der Menge anstreben.

In Zeiten des Unglücks tritt dieser Irrtum zutage, und dann nimmt man in seiner Not zu den Männern Zuflucht, die in ruhigen Zeiten gleichsam vergessen waren, wie an Ort und Stelle dargelegt werden soll. Auch sonst werden Leute ohne große Erfahrung durch manche Ereignisse leicht getäuscht, wenn nämlich ein solcher Vorfall viele wahrscheinliche Seiten hat, die die Menschen in ihren Einbildungen bestärken.[55] (.)

Ich glaube, das Wichtigste für uns ist, zu bedenken, was wir tun, nicht was wir reden sollen. Haben wir uns über unsre Absichten verständigt, so werden sich die Worte zu der Sache leicht finden lassen.

Diese Worte sind unstreitig sehr wahr und sollten von jedem Fürsten und jeder Republik beherzigt werden. Denn im Schwanken und in Ungewissheit über das, was geschehen soll, kann man nicht die rechten Worte finden, ist aber die Seele fest entschlossen und bestimmt, was geschehen soll, so ist es ein leichtes, die Worte dafür zu finden. Ich hebe diesen Punkt um so lieber hervor, je öfter ich bemerkt habe, daß solche Unentschlossenheit die öffentlichen Geschäfte zum Schaden und zur Schande unsrer Republik oft beeinträchtigt hat. Immer aber wird man in mißlichen Lagen, wo ein herzhafter Entschluß nötig ist, diese Unsicherheit finden, wenn schwache Männer zu beraten und zu beschließen haben.

Nicht weniger schädlich als die Unentschlossenheit sind auch die langsamen und späten Entschlüsse, zumal wenn man sich zugunsten eines Verbündeten entschließen soll; denn durch Langsamkeit hilft man keinem und schadet sich selber. Solche Entschlüsse entstehen entweder aus Kleinmut oder Schwäche oder auch aus der Böswilligkeit derer, die den Entschluß fassen, wenn jemand aus persönlicher Leidenschaft den Staat umzustürzen oder einen seiner Wünsche zu befriedigen sucht und zu diesem Zweck den Beschluß hinhält oder hintertreibt. Denn gute Bürger werden, auch wenn sie sehen, daß eine Volkslaune zu einem verderblichen Entschluß neigt, nie die Beschlußfassung hindern, zumal in unaufschiebbaren Dingen.[56] (.)

Unsre Erziehung also und die falsche Auslegung der Religion sind schuld daran, daß es nicht mehr so viele Republiken gibt wie in alter Zeit und daß man mithin bei den Völkern auch nicht mehr so viel Freiheitsliebe findet wie damals.«[57]

b) *Eugen Drewermann: Über Kapitän Ahab und die Verfrühung der Angst*

»Zweifellos ist Ahab ein ‹Fanatiker›, (.) doch macht es einen erheblichen Unterschied, ob die Angst vieler sich von unten nach oben zu einem Wahn auswächst, der am Ende sogar die eigene Führung entmachtet, oder ob ein wahnsinnig gewordener Führer, von oben nach unten, seine Untergebenen als bereitwillige Meute in den Untergang hetzt; – eine Infektionskrankheit, begleitet von Fieberträumen, ist etwas anderes als ein ‹totaler Krieg›, der rücksichtslos die Vernichtung aller mit einkalkuliert.

Was den Fall Ahab sozialpsychologisch als höchst bemerkenswert erscheinen läßt, ist die Richtung der Angstverarbeitung ebenso wie der Angstverbreitung.

‹Normalerweise› kommen ‹Diktatoren› an die Macht, indem sie die vorhandene Angst aller in ihrer Person zu beseitigen versprechen; ‹üblicherweise› reagieren autokratische Führer auf die Angst aller und regieren mit der Angst aller. (.) Ahab wird nicht erst zum ‹gottgleichen› Kapitän und widerspruchslosen Idol seiner Mannschaft, (.) von vornherein umgibt ihn die Aura seiner düsteren Magie, und die hypnotisierende Energie, die ihm die uneingeschränkte Herrschaft über seine Gefolgsleute sichert, bedarf nur noch der Verkündigung ihres Ziels, um alle in den Sog ihres schäumenden, schaurigen Strudels zu reißen.[58] (.)

Es ist eine allgemeine Regel im Zusammensein vieler sozial lebender Tierarten, zur Abwehr von Gefahr gemeinsam unter straffer Leitung zusammenzustehen. Wie eine Rinderherde in Gefahr, zum Beispiel beim Anblick eines Raubfeindes, sich um ihr Leittier zu scharen pflegt, so erhebt die zum Gesetz geronnene Angst aller den Zusammenschluß der Mannschaft um ihren Kapitän geradewegs zur obersten Norm.[59] (.)

Rational ‹vernünftig› und ‹pragmatisch›, ja, politisch klug hört es sich an, wenn in der Sozialpsychologie gesagt wird, jede Gruppe forme sich unter dem Druck einer gemeinsamen Gefahr und die Aufgabe ihres Führers bestehe wesentlich darin, den Gegner aller zu definieren und allgemein akzeptierte Maßnahmen zu seiner Abwehr oder Vernichtung anzuordnen. Nach einem solchen Konzept gesellschaftspolitischer Gruppenbildung, das atavistisch genug ist, um dem Sozialverhalten auch des modernen Menschen immer noch die Mentalität eiszeitlicher Jägerhorden zu unterlegen, läßt sich in der Tat in der heutigen Mediengesellschaft der Gemütszustand großer Teile der Weltbevölkerung höchst wirksam manipulieren und kontrollieren. (.)

Die Eigendynamik aus Feindesangst, Zusammenrottung und Gefolgschaftstreue funktioniert also ungehemmt weiter. Selbst mindertalentierte Führer können sich in das Gewand von gottgesandten Rettern hüllen, wenn sie ihrer Bezugsgruppe einen ‹passenden› allgegenwärtigen Gegner anzubieten wissen. Wie sich zeigt, ist eine Politik der Angst, die den Führer mit zentralistischen Machtbefugnissen ausstattet, zweifellos mit rein zweckrationalen Mitteln am Reißbrett zu entwerfen.[60] (.)

Nicht selten erhebt sich die Frage, wie Diktatoren und Staatsmänner es immer wieder schaffen konnten und schaffen können, einer ganzen Gruppe ihrem Staat, ihrer Partei, ihrer gläubigen Gemeinde, den Bruch der überkommenen Ordnung, den Ausbruch der Illegalität; den Durchbruch des Verbrecherischen gar wie eine heilige Handlung erscheinen zu lassen.«[61]

Diese Massensuggestion kann wahrhaft dramatische Ausmaße annehmen. Sie kann dazu führen, dass es der Führer selbst ist, der die Menge nur noch zu Fragen braucht: »Wollt ihr, dass ich euch befehle?« Derselbe Führer wird später von sich sagen, er habe die Masse nicht verführt, sondern ihr bloß ein *Angebot* gemacht.

Goebbels musste nicht mehr anordnen, sondern brauchte schließlich nur noch zu fragen, ob die Menge den »totalen

Krieg« wolle, die daraufhin mit aller tiefster Leidenschaft sich aus der Brust schrie: »Heil, Heil, Heil.«

Den Krieg in seiner Totalität als *Heil* zu begreifen, ist der wohl höchst mögliche Ausdruck der Liebe zum Tod und damit dem Wunsch, nicht nur alles und jeden, sondern insbesondere sich selbst zu vernichten.

»Statt sich der geradewegs gefährlichen Illusion ‹richtiger›, theoriekonformer Erklärungen hinzugeben, sollte man den Menschen, mit denen man es zu tun hat, glauben, woran sie glauben, gerade auch, wenn diese ihre ‹Glaubensinhalte› wahnhafte Züge tragen. Selbst die Unmenschlichkeit einer Diktatur entstammt menschlichen Motiven, und sie zu verstehen erweist sich als die absolut notwendige Voraussetzung, um das Schlimmste zu verhindern.«[62]

1. Wie Diktaturen entstehen und fortbestehen

a) Wie du eine Diktatur errichtest und diese erhältst.

Wenn du aus einer *Diktatur* kommst, stürze die alte Diktatur, indem du nicht nur den Diktator, sondern die ganze herrschende Machtelite eliminierst. Dann sorge dafür, dass *man* eine neue Diktatur errichtet, denn du selbst hast dafür alleine nicht die nötigen Mittel an der Hand.

Teile die Menschen in ein Innen und ein Außen. Definiere das Außen als das *Böse* und das Innen als das *einzig Gute*. Dann bringe die Masse des Inneren dazu, die äußere Masse zu vernichten. Trage Sorge dafür, dass die Menschen dabei alles um sich herum vergessen und ein heroisches Gefühl erleben, da sie das *einzig Richtige* tun, was *unausweichlich* und *notwendig* ist.

Wenn dann die neue Diktatur errichtet ist, unterdrücke Kritik im Inneren durch Gewalt aller Arten, vom Psychoterror des Unbewussten über den des Bewussten hin zum Terror der physischen Gewalt. Statuiere immer Exempel als Abschreckung, was geschieht, wenn jemand sich gegen die bestehende Ordnung stellt. So erhältst du Angst vor dem Außen und die Menschen werden das Innen lieben lernen. Sorge dafür, dass die Menschen das Überleben als Leben, und das Leben als Bedrohung für das Überleben verstehen. Dann sorge dafür, dass sie das Überleben lieben und das Leben verachten. Zerstöre rationales Denken, säubere die Gesellschaft von Kritikern mit einer Flutwelle an *systematischen Lügen*.

Nutze das Militär. Benutze das Militär. Bemächtige dich des Militärs, da dies das Einzige ist, welches dir in deiner eigenen Diktatur gefährlich werden kann. Kontrolliere das Militär mehr als die übrige Bevölkerung, denn dieses wird durch das Militär selbst kontrolliert, sodass du dadurch das Militär kontrollierst. Du musst immer über Volk und Armee stehen. Spiele beide gegeneinander aus und erhalte Angst und Furcht ebenso wie Traum und Fiktion.

Säe Furcht. Angst ist diffus, Furcht ist konkret. Die Furcht muss klar transportieren, was mit denen geschieht, die außerhalb deiner Diktatur stehen oder sich sogar gegen diese wenden. Säe Furcht ebenso wie du einen Funken Hoffnung kontrollierst, denn ohne Hoffnung werden die Menschen zu allem bereit sein, auch bei einer Rebellion gegen dich ihr Leben zu lassen. Setze beides gezielt und in kluger Abwägung gegen deine hörigen Untertanen und deine skeptischen Kritiker ein.

Wenn du aus einer *Demokratie* kommst, trage umso mehr große Sorge dafür, dass *man* eine Diktatur errichtet. Richte ein Ermächtigungsgesetz zur Bekämpfung von »Not von Volk und Staat« ein und setze es durch. Setze zuerst die Grundrechte aus und halte diese Aussetzung so lange hin, bis sie zu einer Aufhebung wird.

Erhalte die Diktatur auf die gleichsame Weise, wenn die Menschen die Diktatur lieben, aber auf eine gänzlich andere Weise, wenn sie nur das Leben in dieser lieben. Denn dann bringe die Menschen dazu, das zu lieben, was sie selbst zerstört. Bringe sie dazu, das zu lieben, was sie von der Wirklichkeit ablenkt. Lege sie in einen tiefen Schlaf, aus dessen tiefen Träumen sie nicht mehr aufwachen und bemerken könnten, dass sie die neue Ordnung gar nicht lieben.

b) Wie »man« eine Diktatur errichtet und diese erhält.

Im Anfang ist die Angst. Angst macht die Menschen in Verbindung mit Hilflosigkeit infantil. Totalitär werden sie dann von selbst.

Angst ergreift die Menschen; es ist die Angst vor etwas Undefinierbarem, Unsichtbaren, Ungreifbaren, aber Übermächtigen. Angst verbreitet ein Gefühl von Ohnmacht, sie verleitet die Menschen zu aktionistischem Handeln. Die Menschen teilen sich in Kritiker und Hörige, in Vorsichtige und Verantwortungslose. Geblendet von der Angst sehen sie ihren einzigen Ausweg in einer Erlösung, die sie von der Not zu befreien verspricht. Sie werden ihrem Erlöser folgen; es ist gleich, ob es sich um wahrhaftige Probleme handelt, oder nur um Probleme, welche der Angstschürer selbst gelegt hat und nun zu lösen vorgibt. Das ist wichtig: Löse die Probleme, welche du selbst erzeugt hast, auch wenn es nur die Illusion eines Problems war.

Die Menschen werden ihre Recht abgeben, weil sie sich so auch von ihrer eigenen Verantwortung ablösen können. Sie werden alles tun, was immer nötig erscheint, und es beginnt mit dem zum Schweigen bringen der Kritiker. Sie werden mehr und mehr *vorauseilenden Gehorsam* leisten. Dann etablieren sie eine neue Ordnung, ohne es selbst zu bemerken, wobei es gleich ist, ob sie diese wählen oder dieser nur folgen.

Die größte Bedrohung durch den Faschismus oder die Diktatur für unsere Demokratien kommen also nicht von außerhalb oder von autoritären, faschistischen Regimen, sondern sie kommen aus uns selbst heraus. Der Kraftakt, eine Demokratie gegenüber Demokraten zu verteidigen, ist um ein Vielfaches größer als dieselbe vor ihren offenen Feinden zu schützen.

Wenn du eine Diktatur errichten möchtest, sorge eben dafür, dass die Menschen selbst diese errichten, ohne es zu bemerken, und dich nach allgemeiner Auffassung keine Schuld daran trifft, wie man sie auch bei niemand anderem Einzelnem in vollem Umfang finden kann, denn du selbst hast der Masse ja nur ein *Angebot* unterbreitet. Das ist wichtig, denn sollte der Versuch deiner Diktatur misslingen: Es darf auf keinen Fall so aussehen, als wärst du es selbst gewesen, der mit *Brachialgewalt* an die Macht drängen wollte. Versuche, dich selbst als *Opfer* der Masse zu *stilisieren* und die Masse nicht als Opfer deiner Propaganda erkennbar werden zu lassen.

Sorge also dafür, dass die Masse selbst in der Emotionalisierung und aufgeheizten Stimmung von Panik dich durch ein Ermächtigungsgesetz zum faktischen Diktator erwählt. Nutze aus, dass sie deine Macht zeitlich nicht begrenzt oder dir die Möglichkeit zur fortwährenden Verlängerung gegeben hat.

Säe weiter Angst und Furcht, präsentiere dich als *Erlöser*. Sorge dafür, dass die Menschen einander an die Gurgel gehen und sie immer mehr Rechte von sich abgeben, günstigstenfalls an dich. Erkläre den Menschen daher, dass sie hilflos sind und nur du sie erlösen kannst. Sorge dafür, dass sie sich *heroisch* fühlen und weiter vorauseilenden Gehorsam leisten.

Dann werden sie dich entweder *wählen*, wenn du aus einer *Demokratie* kommst, oder sie werden dir *folgen*, wenn du aus einer *Diktatur* kommst. Bringe die Menschen dazu, ihre neue Ordnung als die *einzig wahre und richtige* zu lieben. Stelle die Vorteile in den Vordergrund und sorge dafür, dass alle Nachteile entweder ganz vergessen oder aber zumindest verdrängt, verharmlost und ignoriert werden. Dann erhalte deine Diktatur in der oben beschrieben Weise.

2. Wie Demokratien zu verteidigen sind

a) Wie »man« eine Demokratie verteidigt und erhält.

Gar nicht.

Denn nur auf die, »die eine genuine Angst vor der notwendigen Verantwortung des Menschengeschlechts haben, wird Verlaß sein, wenn es darum geht, gegen das ungeheure Übel, das Menschen anrichten können, furchtlos und kompromißlos und überall zu kämpfen.«

– Hannah Arendt, *Organisierte Schuld*

Es gibt kein *man*, welches im Stande wäre, eine Demokratie weder zu verteidigen noch erst recht diese zu erhalten. Das muss von dir selbst kommen.

»Hinsichtlich des menschlichen Potentials (.) unterscheidet sich der Mensch von allen anderen Lebewesen durch seine Fähigkeit, ‹nein› und selbst auf Kosten seines physischen Überlebens für Wahrheit, Liebe und Integrität einzustehen.«

– Erich Fromm, *Die Revolution der Hoffnung*

b) Wie du eine Demokratie verteidigst und erhältst.

Beteilige dich. Gehe wählen und wähle wenn nötig auch ungültig, aber zeige, dass du da bist und dass es dich gibt. Verfolge die Wahlprogramme und die Proklamationen der Politiker kritisch. Ruhe dich nicht darauf aus. Diskutiere mit deinen Freunden, deiner Familie und deinen Bekannten. Toleriere gegensätzliche Meinungen nicht nur, sondern suche bewusst die Auseinandersetzung mit diesen.

Werbe für deine eigenen Ideen, aber hinterfrage diese immer wieder selbstkritisch und erweitere deinen eigenen Horizont. Engagiere dich in politischen Willensbildungs– und

Entscheidungsfindungsprozessen. Sei misstrauisch denen gegenüber, welche Angst, Furcht und Spaltung säen. Mit den Worten fängt es an, mit den Taten wird es enden. Nimm dich besonders vor denen in Acht, die vorgeben, die Demokratie zu schützen, doch zugleich mit Gewalt an die Macht drängen. Sei kritisch in Blick auf ihre Worte – »Wir lassen uns die Demokratie nicht kaputt machen…« und ihre Taten: … während sie klamm heimlich eine Diktatur errichten.

Du darfst Politiker nicht darin überschätzen, dass du das latente Deterministische und Unbewusste unterschätzt. Jemand sagt das eine und meint etwas anderes, aber wenn er es nur oft genug wiederholt hat, wird er irgendwann meinen, was er sagt, sodass er in der Tat gesagt hat, was er in Zukunft meinen werden wird, obschon er es in jenem Moment selbst noch nicht ahnen konnte, dass er es sein wird, der sich selbst zum Meinen durch das Sagen machen wird, ohne dass er sich dessen selbst bewusst ist. Viele machtgierige Politiker wären sehr gute Diktatoren geworden und wenn sie die Möglichkeit dazu hatten, wurden sie oft genug zu eben diesen, auch wenn sie es selbst zu Beginn ihrer Laufbahn noch nicht ahnen konnten, dass es so enden würde.

Nimm Äußerungen von Politikern ernst und hinterfrage diese. Lasse sie nicht unbeachtet, auch nicht in deinem eigenen persönlichen Umfeld. Aber sei besonders bei Politikern wachsam, höre genau auf das Gesagte, aber überprüfe ihr Handeln. Das Gesagte ist wichtig, aber jemanden wegen eines Satzes zu degradieren, der ansonsten integer und glaubwürdig ist, wäre ebenso falsch wie gefährlich. Das tatsächliche Handeln ist noch viel wichtiger als das Gesagte. Im positiven, wie im negativen Sinne.

Denke selbstständig, bediene dich deines eigenen Verstandes, aber trage große Sorge dafür, dass du weder verblendet noch verblödet bist. Lasse das *Böse* nicht unbeachtet, weil das Böse auch oft das ist, was entsteht, wenn es *unbeachtet* bleibt.

Bleibe dir und deinen Grundsätzen treu, stehe zu deinen *inneren Wahrheiten*, sei *lebensbejahend* – besonders in der *Krise*. Lasse nicht deine Identität zersetzen von Angst und Angstmachern, die etwas Schlechtes aus dir hervorholen wollen oder etwas aus dir machen wollen, was du nicht bist. Sei mutig, handle trotz Angst – habe diesen Mut. Stehe zu deinen inneren und charakterlichen Wahrheiten, Werten und Überzeugungen und lasse nicht die Angst diese zerstören.

Bilde dich selbst, aber verwechsle Bildung nicht mit Ausbildung. Vor allem aber: Lerne zu verstehen, wie autoritäre Führer, Diktatoren und korrumpierte Machthaber sowie die Machtgeilen, die mit *Brachialgewalt* nach der Macht streben, denken und handeln. Vergiss nicht, dass durch den gewöhnlichen Menschen mit außergewöhnlicher Macht jedoch eine weitaus größere Bedrohung ausgeht, als durch den Machbewussten oder den Sadisten.

Lese, schreibe, handle – Lebe!

Johann Wolfgang von Goethe

Faust. Der Tragödie Erster Teil

Faust ist eine historische Gestalt, »faustus« bedeutet »der Glückliche« (1460/70-1536/39). Er prahlte mit seinen unglaublichen magischen Fähigkeiten, doch war er sein Herumtreiber und Schwindler. (Zitationen nach Jochen Schmidt: *Goethes Faust. Erster und Zweiter Teil.* C.H.Beck, 3. Auflage, München 2011)

Präludium

Zueignung
»Was der Dichter ‹besitzt›, das Wirkliche der Welt, das fixiert Gegenwärtige, muss entschwinden, damit die verschwundenen Gestalten der Dichtung im schöpferischen Akt zu neu imaginativ-poetischen ‹Wirklichkeiten› werden können. Nicht als ein bloßes Fortführen und Ausarbeiten des Vorhandenen, vielmehr als einen von Grund auf neuen schöpferischen Vorgang also versteht der Dichter am Ende der *Zueignung* sein Unternehmen.« (S.49)

Vorspiel auf dem Theater
»Der handfest realistische Standpunkt des Theaterdirektors bildet den Gegensatz zum idealistischen Habitus des Dichters.« (S.51) Der Direktor will also die Massen ansprechen; der Dichter hingegen die Vollkommenheit des Werkes sichern. Er lehnt eine Ausrichtung an den Bedürfnissen der Menge ab. Die lustige Person erkennt diese höheren Ansprüche an, plädiert aber auch für triviale Unterhaltung.

Der Dichter verleiht den Symbolen Ausdruck; der Mensch strebt *hier* danach, seine höchsten Werte, Wünsche und Fähigkeiten in eine olympische Überwelt zu projizieren. Der Dichter verkörpert als Medium die höchsten Ideale der Menschen.

Prolog im Himmel

»Die Transzendenz wird psychologisch zum Phantasma des in der Realität nie zu befriedigenden und folglich ins Unendliche gehenden Strebens und Begehrens reduziert. Die menschliche Existenz schließlich wird nicht als eine zwischen Himmel und Hölle stehende, sondern als eine in sich gespaltene begriffen und damit ebenfalls psychologisch redimensioniert.« (S.57)

Der Teufel ist dem Herrn untergeordnet; er muss diesen darum bitten zu wetten und erhält erst vom Herrn Macht über die Menschen; er wird zum »Knecht« Gottes. Goethe spielt hier auch das Buch Hiob an. »In einer umfassenden Harmonie kommt […] allem Bösen nur untergeordnete Bedeutung zu.« (S.64) ‹Das Böse› besitzt für Goethe keine moralische Qualität, sondern ist eine besondere Form des Negativen und Zerstörerischen.

»Das ‹Böse› sinkt geradezu zu einer Unterfunktion des ‹Guten› herab.« (ebd.) Der Herr hat Mephisto lizensiert, um den Menschen stets weiter streben zu lassen, und um so zu verhindern, dass sich dieser selbstgenügsam wird. Das Böse ist kein Prinzip an sich, losgelöst von einem entschieden dualistisch geprägten Verständnis des christlichen Glaubens bedarf es des Bösen als »Knecht« des Guten, sodass sich dieses erneuern kann.

Die Gelehrtentragödie

Nacht

Faust strebt danach, ein gottgleiches Genie zu sein. Die Wissenschaft kann ihm nur Erkenntnis innerhalb einiger Teilgebiete vermitteln. Die Sehnsucht des Ganzen drückt sich aus in der Makrokosmos-Vision. »Im Unterschied zum Makrokosmos mit seiner idealen *Extension* repräsentiert der Erdgeist die ideale *Intensität* im beschränkten irdischen Bereich« (S.85) und ist somit für Faust erlebbar. Beide Entgrenzungsversuche scheitern jedoch.

Vor dem Tor

Faust reflektiert über den Nutzen der Wissenschaft für die Menschheit. Er prangert an, dass Theorie und Praxis weit auseinanderliegen. Wagner ist im Gegensatz zu Faust ein selbstgenügsamer Gelehrter, dessen Dasein er in Eindimensionalität führt. Faust ist der melancholische Gelehrte, ein Genie; Wagner führt ein Leben ohne existenzielle Amplitude, er empfindet sein Dasein lediglich als Surrogat.

Studierzimmer I+II

Mit Faustens Bibelübersetzung verwendet Goethe historisierendes Zeitkolorit, was Faust doch ein Zeitgenosse Luthers. Durch die Übersetzung von Wort—Sinn—Kraft—Tat wird Faust vom *Mann der Worte* zum *Mann der Tat*.

Mephistopheles ist Faustens *alter ego*, sein anderes Ich, so stellt er sich Faust – der doch nach dem Ganzen drängt – als Teil des Teils vor, und tendiert somit zur Atomisierung.

Auerbachs Keller

»Nicht einfach in ein nächtlich-phantastisches Treiben gerät hier Faust, vielmehr erfährt er eine fundamentale Desorientierung, ja Selbstentfremdung seiner humanen Existenz durch die beginnende Triebüberflutung. Ihren Höhepunkt erreicht die sexuell besetzte Tiermetaphorik in einer obszönen Partie der *Walpurgisnacht* [...].« (S.145)
Satirische Lieder und Deutungen zur Französischen Revolution hin lassen sich ebenfalls wiederfinden.

Hexenküche

Der Leser wird versetzt in ein Gefühl der Hilflosigkeit und Desorientierung. »Der programmatische Nonsens erhält eine präzise Doppelfunktion.« (S.149) Durch die Zerstörung der Vernunft wird die Sittlichkeit entfesselt. Der Einbruch des Irrationalen ist nur Nebeneffekt; zentraler ist, dass Faust in eine existenzielle Krise stürzt.

Aber auch ein ganzes Spektrum an irrationalen Möglich-
keiten des Menschengeistes wird entworfen; es wird entworfen ein Panorama an Figurationen der Vernunftabdankung.
Des Weiteren wird auf politische Themen angespielt. Zentral
ist auch der Aberglaube, Glücksglaube und die Weltge-
schichte. »Geschichte ist für Goethe der Inbegriff des Zufälligen, Chaotischen und daher Irrational-Absurden.« (S.157)

Faustens Hybris

Hybris, aus dem Griechischen, bedeutet so viel wie Hoch-
mut oder Überheblichkeit. Die Hybris geht nicht selten ein-
her mit Maßlosigkeit, Selbstüberschätzung und gar Rück-
sichtslosigkeit heraus aus reinem Egoismus. Maßlosigkeit
unter dem Gefühl fehlender Grenzen führt schnell zum Erreichen ebenderselben: ein grenzenlos Strebender stößt
schnell an seine Grenzen – mit fatalen Folgen.

»Das faustische Streben wurde sowohl als Merkmal seines
Genies, Übermenschentums und prometheischen Wesens,
als auch seiner Torheit und seines allzu menschlichen Charakters beschrieben.« Fausts Streben besteht zum einen in
dem Verlangen nach göttlicher Weisheit als auch aus dem
Wunsch irdischer Genüsse. Seine berühmte Frage nach dem,
»was die Welt im Innersten zusammenhält«, verdeutlicht
sein Begehren einer allumfassenden Erkenntnis der Schöpfung. Es ist die Suche »nach den Gesetzmäßigkeiten der
Welt.«

Sein Leben war ganz der Wissenschaft gewidmet, doch
seine Studien auf »konventionellem Wege« haben ihn nicht
zu der Erkenntnis geführt, die er begehrt. So wendet er sich
von der rationalistisch analytischen Methodik ab und wendet sich der Magie zu. Seine »verwerfliche Wissensgier« ist
daher als »eindeutiges Merkmal« der Hybris zu bewerten, da
»ihr wahres Ziel nicht in der Erkenntnis […], sondern in der
Selbstüberhebung des Menschen [besteht].«

Fausts Wunsch nach Erkenntnis besteht also nicht nur darin, Wissen theoretisch zu erlangen, sondern er strebt nach

einer Vereinigung von Theorie und Wissen, wie sie nur *Gott* zukommt. Er strebt also danach, die Grenzen des menschlichen Denkens und Wissens zu beseitigen, um in höhere geistige »Sphären reiner Tätigkeit« vorzudringen. Sein Wissen ist in seinem Ist-Zustand nicht mehr zu steigern. Er ist sogar bereit, den Freitod als Mittel zu wählen, um sich von seiner irdischen Existenz, welche er als kümmerlich betrachtet, zu verlassen.

Die Herausforderung, die Grenzen seines Wissens zu übersteigen, führt zu Mephistopheles Erscheinung. »Faust will nun dem Leibhaftigen beweisen, dass er stärker ist und nie genug bekommen kann. Der Pakt, den er eingeht, fußt auf dieser Hybris.« Es ist Mephistos Aufgabe zu verhindern, dass der Mensch selbstgenügsam wird und aufhört, nach Höherem zu streben. Somit ist das »Böse« nur eine dem »Guten« untergeordnete Instanz. Faust ist ein Prototyp eines Menschen, der bestrebt ist, alle bestehenden Grenzen einzureißen, sein Denken ist bestimmt durch Maßlosigkeit und Größenwahn.

Im zweiten Teil der Tragödie wächst dies zu globaler Spannweite an. »Damit nimmt er die Wesenszüge des Menschen im 21. Jahrhundert vorweg.« Das Streben Fausts ist ein Sinnbild für die Gier und den grenzenlosen ökonomischen Expansionsdrang der modernen (westlichen) Gesellschaften. Der Kapitalismus, das Wirtschaftssystem, welches von den Individuen immer mehr und mehr fordert und kein Ruhen und kein Innehalten duldet, kennt ebenso wenig, wie Faust die Grenzen seines Wissens kennt, die Grenzen der Realisierbarkeit dieses ökonomischen Strebens, die durch die Knappheit der Ressourcen unseres Planeten naturgemäß gegeben sind.

Die Gretchentragödie

In Gretchen findet sich eine Hinwendung zum Volkstümlichen. Gretchen ist Ausdruck des Schlichten und Natürlichen

und daher für den der Wissenschaft überdrüssigen Hochge-
lehrten Faust so anziehend.

Wald und Höhle

Durch seine Selbstreflexion gelangt Faust zur Selbster-
kenntnis; die Höhle steht für das Erschließen bis ins Innerste.
Er erlebt eine Ganzheitserfahrung. »Versteht man Mephisto
konsequent als Projektion einer negativen Wesensdimension
Faustens, dann bietet sich das Bild einer an Schizophrenie
grenzenden psychischen Gespaltenheit.« (S.174)

Gretchens Verführung und ihre Tragödie

Das Gold macht Gretchen für Faust empfänglich. Es löst in
ihr Wünsche und Sehnsüchte aus; der Schmuck hat die Funktion eines Köders. Sie lässt sich von Faust verführen…

In der Schlussszene, *Kerker*, wird deutlich, wie sehr sie ihre
Tat bereut und den Verlust ihres Kindes bedauert.

»Durch den furchtbaren Druck, unter den Gretchen gerät,
wird sie zur Tötung ihres Kindes getrieben. Ja, Goethe kennzeichnet die Gesellschaft als eine mörderische und lastet ihr
indirekt den Kindsmord an.« (S.182)

Literatur

Aufgelistet habe ich direkt zitierte oder indirekt wiedergegebene Literatur sowie relevante und weiterführende Bücher, die gedanklichen Eingang in das Gesamtwerk meiner Panem-Forschung gefunden haben.

Abraham et al., Martin: Einführung in die Organisationssoziologie. VS, 3. Auflage, Wiesbaden 2004

Acemoglu, Daron; Robinson, James A.: Warum Nationen scheitern. Die Ursprünge von Macht, Wohlstand und Armut. Fischer 4. Auflage, Frankfurt a.M. 2017

Ackerl, Isabella: Die bedeutendsten Staatsmänner. Marix, Wiesbaden 2006

Adorno, Theodor W.: Erziehung zur Mündigkeit. Suhrkamp 26. Auflage, Frankfurt a.M. 2017

Adorno, Theodor W.: Studien zum autoritären Charakter. Suhrkamp 10. Auflage, Frankfurt a.M. 2017

Adorno, Theodor W.; Horkheimer, Max: Dialektik der Aufklärung. Philosophische Fragmente. Fischer 23. Auflage, Frankfurt a.M. 2017

Alt, Franz: Zukunft Erde. Wie wollen wir morgen Leben und Arbeiten? Aufbau, Berlin 2006

Anders, Günther: Die Antiquiertheit des Menschen 1. Über die Seele im Zeitalter der zweiten industriellen Revolution. C.H.Beck 4. Auflage, München 2018

Anders, Günther: Die Antiquiertheit des Menschen 2. Über die Zerstörung des Lebens im Zeitalter der dritten industriellen Revolution. C.H.Beck 4. Auflage, München 2018

Anter, Andreas: Theorien der Macht. Zur Einführung. Junius, Hamburg 2012

APuZ: Essays über Gentechnik, Klonen und Sterbehilfe. 23-24/2004

APuZ: Hitlers »Mein Kampf«. 43-45/2015

APuZ: Holocaust und historisches Lernen. 3-4/2016

APuZ: Hunger. 49/2015

APuZ: Kinderarbeit. 43/2012

APuZ: Klimawandel. 47/2007

APuZ: Medienpolitik. 40-41/2018

APuZ: Sklaverei. 50-51/2015

APuZ: Überwachen. 18-19/2014

APuZ: Wahrheit. 13/2017

APuZ: Wandel des Politischen? 44-45/2017

Arendt, Hannah: Denken ohne Geländer. Texte und Briefe. Piper 9. Auflage, München 2017

Arendt, Hannah: Die Freiheit, frei zu sein. Dtv 5. Auflage, München 2018

Arendt, Hannah: Eichmann in Jerusalem. Ein Bericht von der Banalität des Bösen. Piper, München 2021

Arendt, Hannah: Elemente und Ursprünge totaler Herrschaft. Antisemitismus, Imperialismus, totale Herrschaft. Piper 8. Auflage, München 2001

Arendt, Hannah: Macht und Gewalt. Piper 25. Auflage, München 2015

Arendt, Hannah: Über das Böse. Eine Vorlesung zu Fragen der Ethik, Piper 11. Auflage, München/Berlin 2006

Arendt, Hannah: Über die Revolution. Piper 6. Auflage, München/Berlin 2006

Arendt, Hannah: Wahrheit und Lüge in der Politik. Piper, München 2013

Arendt, Hannah: Was heißt persönliche Verantwortung in einer Diktatur? Piper, München 2020

Arendt, Hannah: Was ist Politik? Fragmente aus dem Nachlass. Piper 2. Auflage, München 2005

Arendt, Hannah; Fest, Joachim. Eichmann war von empörender Dummheit. Gespräche und Briefe. Hrsg. Ursula Ludz & Thomas Wild. Piper, München 2011

Aristoteles. Politik. Link: https://ia600208.us.archive.org/25/items/aristotelespoli01berngoog/aristotelespoli01berngoog.pdf, Antike

Aronson, Elliot et al.: Sozialpsychologie. Pearson, München 2004

Aust, Stefan; Geiges, Adrian: XI Jinping. Der mächtigste Mann der Welt. Piper 2. Auflage, München 2021

Bahrdt, Hans-Paul: Schlüsselbegriffe der Soziologie. Eine Einführung mit Lehrbeispielen. 10. Auflage, Beck, München 2014

Baker, Simon: Rom. Aufstieg und Untergang einer Weltmacht. Reclam, Stuttgart 2006

Bareither, Christoph: Gewalt im Computerspiel. Facetten eines Vergnügens. Transcript, Bielefeld 2016

Batscha, Zwi: Eine Philosophie der Demokratie. Thomas G. Masaryks Begründung einer neuzeitlichen Demokratie. Suhrkamp, Frankfurt a.M. 1994

Bauer, Thomas: Die Vereindeutigung der Welt. Über den Verlust an Mehrdeutigkeit und Vielfalt. Reclam, Ditzingen 2018

Bauer, Wolfgang: China und die Hoffnung auf Glück. Paradiese, Utopien, Idealvorstellungen in der Geistesgeschichte Chinas. München 1989

Bauer, Wolfgang: Geschichte der chinesischen Philosophie. C.H.Beck 2. Auflage, München 2009

Bauman, Zygmunt: Flüchtige Moderne. Suhrkamp, Frankfurt a.M. 2003

Beard, Mary: SPQR. Die tausendjährige Geschichte Roms. S.Fischer, Frankfurt a.M. 2016

Beck, Ulrich: Macht und Gegenmacht im globalen Zeitalter. Suhrkamp, Frankfurt a.M. 2009

Beck, Ulrich: Was ist Globalisierung? Suhrkamp, Frankfurt a.M. 2007

Beck, Valentin: Eine Theorie der globalen Verantwortung. Was wir Menschen in extremer Armut schulden. Suhrkamp, Berlin 2016

126

Becker, Michael et al.: Politische Philosophie. UTB 4. Auflage, Paderborn 2006

Beicken, Peter: Wie interpretiert man einen Film? Reclam, Stuttgart 2004

Bellers, Jürgen (Hrsg.): Klassische Staatenentwürfe. Außenpolitisches Denken von Aristoteles bis heute. Wissenschaftliche Buchgesellschaft, Darmstadt 1996

Berger, Wilhelm: Macht. UTB, Wien 2009

Bernays, Edward: Propaganda. Die Kunst der Public Realtions Orange Press, 2018

Bernholz, Peter; Breyer, Friedrich: Ökonomische Theorie der Politik. Bd.2. Grundlage der politischen Ökonomie. Mohr, Tübingen 1994

Birkenbihl, Vera F. et al.: Positives Denken von A bis Z. So nutzen Sie die Kraft des Wortes, um ihr Leben zu ändern. MVG 8. Auflage, München 2016

Birkenbihl, Vera F.: Humor. An ihrem Lachen soll man Sie erkennen. MVG 7. Auflage, München 2016

Blanke, Tobias: Das Böse in der politischen Theorie. Die Furcht vor der Freiheit bei Kant, Hegel und vielen anderen. Transcript, Bielefeld 2006

Bogner, Alexander: Die Epistemisierung des Politischen. Wie die Macht des Wissens die Demokratie gefährdet. Reclam, Ditzingen 2021

Bosetzky et al., Horst: Mensch und Organisation. Aspekte bürokratischer Sozialisation. Kohlhammer, 6. Auflage, Stuttgart 2002

Bosetzky, Horst: Das »Überleben« in Großorganisationen und der Prinz-von-Homburg-Effekt. Deutsche Verwaltungspraxis, Berlin 1973, 29

Boston Consulting Group, Strategieinstitut: Clausewitz. Strategie denken. Dtv 10. Auflage, München 2016

Bourdieu, Pierre: Die verborgenen Mechanismen der Macht. Schriften zu Politik & Kultur. VSA, Hamburg 2005

Bourdieu, Pierre: Über das Fernsehen. Suhrkamp 11. Auflage, Frankfurt a.M. 2015

Bourdieu, Pierre: Über den Staat. Vorlesungen am College de France 1989-1992. Suhrkamp, Berlin 2017

Bradbury, Ray: Fahrenheit 451. Wilhelm Heyne 14. Auflage, München 2000

Braun, Johann: Einführung in die Rechtsphilosophie. Der Gedanke des Rechts. Mohr Siebeck, Tübingen 2006

Brennan, Jason: Gegen Demokratie. Warum wir Politik nicht den Unvernünftigen überlassen dürfen. Ullstein, Berlin 2017

Brieler, Ulrich: Die Unerbittlichkeit der Historizität. Foucault als Historiker. Böhlau, Köln 1998

Brocker, Manfred (Hrsg.): Geschichte des politischen Denkens. Das 20. Jahrhundert. Suhrkamp, Berlin 2018

Brocker, Manfred (Hrsg.): Geschichte des politischen Denkens. Ein Handbuch. Suhrkamp 5. Auflage, Frankfurt a.M. 2018

Brocker, Manfred: Kant über Rechtsstaat und Demokratie. VS, Wiesbaden 2006

Bröckling, Ulrich et al. (Hrsg.): Gouvernementalität der Gegenwart. Studien zur Ökonomisierung des Sozialen. Suhrkamp, Frankfurt a.M. 2000

Bröckling, Ulrich: Gute Hirten führen sanft. Über Menschenregierungskünste. Suhrkamp, Berlin 2017

Brodocz, Andre; Schaal, Garten S.: Politische Theorien der Gegenwart I. Utb, Opladen/Toronto 2016

Brodocz, Andre; Schaal, Garten S.: Politische Theorien der Gegenwart II. Utb, Opladen/Toronto 2016

Brodocz, Andre; Schaal, Garten S.: Politische Theorien der Gegenwart III. Utb, Opladen/Toronto 2016

Bublitz, Hannelore: Das Archiv des Körpers. Konstruktionsapparte, Materialitäten und Phantasmen. Transcript, Bielefeld 2018

Buchstein, Hubertus; Göhler, Gerhard (Hrsg.): Politische Theorie und Politikwissenschaft. VS, Wiesbaden 2007

Byung-Chul Han: Was ist Macht? Reclam, Stuttgart 2012

Canetti, Elias: Masse und Macht. Fischer TB, 34. Aufl. Frankfurt a.M. 2015

Caparros, Martin: Der Hunger. Wie zum Teufel können wir weiterleben, obwohl wir wissen, dass diese Dinge geschehen? Suhrkamp, Berlin 2015

Cassirer, Ernst: Der Mythus des Staates. In: Barner et al.: Texte zur modernen Mythentheorie. Reclam, Stuttgart 2003

Cathcart, Thomas; Klein, Daniel: Platon und Schnabeltier gehen in eine Bar. Philosophie verstehen durch Witze. Goldmann 10. Auflage, München 2010

Celikates, Robin; Gosepath, Stefan: Grundkurs Philosophie, Bd.6. Reclam, Stuttgart 2013

Chomsky, Noam: Die Verantwortlichkeit der Intellektuellen. Suhrkamp, Frankfurt a.M. 1971

Chomsky, Noam: Eine Anatomie der Macht. Der Chomsky-Reader. Europa, Hamburg 2004

Chomsky, Noam: Hybris. Die endgültige Sicherung der globalen Vormachtstellung der USA. Piper, München 2006

Chomsky, Noam: Media Control. Wie Medien uns manipulieren. Piper 4. Auflage, München 2010

Chomsky, Noam: War Against People. Menschenrechte und Schurkenstaaten. Piper 9. Auflage, München 2017

Chomsky, Noam: Wer beherrscht die Welt? Die globalen Verwerfungen der amerikanischen Politik. Ullstein, Berlin 2016

CIA: Die Welt im Jahr 2035 gesehen von der CIA. Das Paradox des Fortschritts. C.H.Beck, München 2017

Cialdini, Robert B. et al.: Yes! Andere überzeugen – 50 wissenschaftlich gesicherte Geheimrezepte. Huber 1. Nachdruck, Bern 2017

Cicero. De re publica. Link z.B.: http://gutenberg.spiegel.de/buch/vom-staat-1902/1

128

Claessens, Dieter; Tyradellis, Daniel: Konkrete Soziologie. Verständliche Einführung in soziologisches Denken. Westdt. Verlag, Opladen 1997

Clark, Christopher: Von Zeit und Macht. Herrschaft und Geschichtsbild vom Großen Kurfürsten bis zu den Nationalsozialisten. DVA, München 2018

Clausewitz, Carl von: Vom Kriege. Nikol, Hamburg 2008

Cohen, Martin: 99 moralische Zwickmühlen. Eine unterhaltsame Einführung in die Philosophie des richtigen Handelns. Piper 4. Auflage, München/Berlin 2016

Collins, Suzanne: Das Lied von Vogel und Schlange/Die Tribute von Panem. Oetinger, Hamburg 2020

Collins, Suzanne: Flammender Zorn/Die Tribute von Panem Bd. 3 Oetinger, Hamburg 2016

Collins, Suzanne: Gefährliche Liebe/Die Tribute von Panem Bd. 2 Oetinger, Hamburg 2016

Collins, Suzanne: Tödliche Spiele/Die Tribute von Panem Bd. 1 Oetinger, Hamburg 2016

Corsten, Michael: Grundfragen der Soziologie. UVK Verlagsgesellschaft, Konstanz 2011

Czelinski, Michael; Stenzel, Jürgen: Krieg. Philosophische Texte von der Antike bis zur Gegenwart. Reclam, Stuttgart 2004

Diamond, Jared: Kollaps. Warum Gesellschaften überleben oder untergehen. Fischer 3. Auflage, Frankfurt a.M. 2014

Dick, Philip K.: The Man In The High Castle. Das Orakel vom Berge. Fischer TB, Frankfurt a.M. 2017 (Originalausgabe: 1962)

Dimbath, Oliver: Einführung in die Soziologie. UTB, Paderborn 2011

Dippel, Horst: Die Amerikanische Revolution. Suhrkamp, Frankfurt a.M. 1985

Drewermann, Eugen: Moby Dick oder Vom Ungeheuer, ein Mensch zu sein. Melvilles Roman tiefenpsychologisch gedeutet. Patmos, Düsseldorf/Zürich 2004

Dtv-Atlas zur Philosophie. Dtv, München 1991

Dtv-Atlas: Politische Theorie – Politische Systeme – Internationale Beziehungen. Dtv, München 2009

Duman, Yilmaz: Zur Frage der Macht im Werk Michel Foucaults. Unter besonderer Berücksichtigung der Ethnologie der euopäischen Kultur. WUV, Wien 2013

Dunn, George; Michaud, Nicolas: Die Philosophie bei DIE TRIBUTE VON PANEM. Hunger Games – Liebe, Macht und Überleben. Wiley, Weinheim 2013

Elias, Norbert: Was ist Soziologie?. Juventa, Weinheim 11. Aufl. 2009

Elsaesser, Thomas; Hagener, Malte: Filmtheorie. Zur Einführung. Junius, Hamburg 2007

Endruweit, Günter: Organisationssoziologie. Gruyter, Berlin 1981

Eßbach, Wolfgang: Studium Soziologie. Fink, Paderborn 1996

Esser, Hartmut: Soziologie. Allgemeine Grundlagen, Frankfurt am Main und New York, 3. Aufl. 1999

Euchner, Walter: John Locke. Zur Einführung. Junius, Hamburg 1996

Faulstich, Werner: Grundkurs Filmanalyse. UTB 3. Auflage, Paderborn 2002

Fink-Eitel, Hinrich: Michel Foucault. Zur Einführung. Junius, Hamburg 1990

Fisch, Michael: Werke und Freuden. Michel Foucault – eine Biographie. Transcript, Bielefeld 2011

Follath, Erich: Die neuen Großmächte. Wie Brasilien, China und Indien die Welt erobern. Spiegel/Goldmann, München 2015

Forst, Rainer: Normativität und Macht. Zur Analyse sozialer Rechtfertigungsordnungen. Suhrkamp, Berlin 2015

Foucault, Michel: Analytik der Macht. Suhrkamp, Frankfurt a.M. 2005

Foucault, Michel: Der Stil der Geschichte, Dits et Ecrits IV. Suhrkamp, Frankfurt a.M. 2005

Foucault, Michel: Die Geburt der Biopolitik. Geschichte der Gouvernementalität II. Suhrkamp, Frankfurt a.M. 2006

Foucault, Michel: Die Hauptwerke. Suhrkamp 4. Auflage, Frankfurt a.M. 2016

Foucault, Michel: Die Ordnung des Diskurses. Fischer 13. Auflage, Frankfurt a.M. 1991

Foucault, Michel: In Verteidigung der Gesellschaft. Suhrkamp, Frankfurt a.M. 2001

Foucault, Michel: Schriften zur Medientheorie. Suhrkamp, Berlin 2013

Foucault, Michel: Sicherheit, Territorium, Bevölkerung. Geschichte der Gouvernementalität I. Suhrkamp, Frankfurt a.M. 2004

Foucault, Michel: Wahnsinn und Gesellschaft. Eine Geschichte des Wahns im Zeitalter der Vernunft. Suhrkamp 22. Auflage, Frankfurt a.M. 2016

Frech, Selina: Widerstandsutopien in der Jugendliteratur am Beispiel von Suzanne Collins »Tribute von Panem«. Widerstand und Zivilcourage gegen repressive Regierungssysteme. Studienarbeit. Grin, Norderstedt 2015

Frech, Siegfried (Hrsg.): Neue Kriege. Akteure, Gewaltmärkte, Ökonomie.

Freud, Siegmund: Massenpsychologie und Ich-Analyse. Nikol 6. Auflage, Hamburg 2017

Friedman, George: Die nächsten 100 Jahre. Die Weltordnung der Zukunft. Campus, Frankfurt a.M. 2009

Friedrichs, Werner; Lange, Dirk (Hrsg.): Demokratiepolitik. Vermessungen, Anwendungen, Probleme, Perspektiven. Springer VS, Wiesbaden 2016

Fromm, Erich et al.: Zen-Buddhismus und Psychoanalyse. Suhrkamp 28. Auflage, Berlin 2020

Fromm, Erich: Anatomie der menschlichen Destruktivität. Rowohlt 25. Auflage, Reinbek bei Hamburg 2015

Fromm, Erich: Das Christusdogma und andere Essays. Psychosozial, Gießen 2020

Fromm, Erich: Den Menschen verstehen. Psychoanalyse und Ethik. Dtv, München 2017

Fromm, Erich: Die Furcht vor der Freiheit. Dtv 20. Auflage, München 2016

Fromm, Erich: Die Kunst des Lebens. Zwischen Haben und Sein. Herder 4. Auflage, Freiburg im Breisgau 2012

Fromm, Erich: Die Kunst des Liebens. Ullstein 71. Auflage, München 2014

Fromm, Erich: Die Pathologie der Normalität. Zur Wissenschaft vom Menschen. Ullstein 6. Auflage, München 2016

Fromm, Erich: Die Revolution der Hoffnung. Für eine Humanisierung der Technik. Dtv/Klett-Cotta, München 1987

Fromm, Erich: Die Seele des Menschen. Ihre Fähigkeit zum Guten und zum Bösen. Dtv 2. Auflage, München 2017

Fromm, Erich: Es geht um den Menschen: Tatsachen und Illusionen in der Außenpolitik. DVA, Stuttgart 1981

Fromm, Erich: Haben oder Sein. Die seelischen Grundlagen einer neuen Gesellschaft. Dtv 44. Auflage, München 2017

Fromm, Erich: Humanismus als reale Utopie. Der Glaube an den Menschen. Ullstein 3. Auflage, Berlin 2015

Fromm, Erich: Jenseits der Illusionen. Eine intellektuelle Autobiographie. Dtv, München 2020

Fromm, Erich: Liebe, Sexualität und Matriarchat. Beiträge zur Geschlechterfrage. Kindle Edition, 2015

Fromm, Erich: Märchen, Mythen, Träume. Eine Einführung in das Verständnis einer vergessenen Sprache. Rowohlt 21. Auflage, Reinbek bei Hamburg 2017

Fromm, Erich: Psychoanalyse und Religion. Dtv, München 2018

Fromm, Erich: Über den Ungehorsam. Und andere Essays. Psychosozial, Gießen 2019

Fromm, Erich: Über die Liebe zum Leben. Dtv 2. Auflage, München 2014

Fromm, Erich: Vom Haben zum Sein. Wege und Irrwege der Selbsterfahrung. Ullstein 6. Auflage, Ulm 2011

Fromm, Erich: Wege aus einer kranken Gesellschaft. Eine sozialpsychologische Untersuchung. Dtv 9. Auflage, München 2016

Fuchs-Heinritz, Werner et al. (Hrsg.): Lexikon zur Soziologie. 4. Aufl., VS Verlag für Sozialwissenschaften, Wiesbaden 2007

Fukuyama, Francis: Das Ende der Geschichte. Wo stehen wir? Kindler, München 1992

Funk, Rainer et al. (Hrsg.): Erich Fromm heute. Zur Aktualität seines Denkens. Dtv, München 2000

Gädeke, Dorothea: Politik der Beherrschung. Eine kritische Theorie externer Demokratieförderung. Suhrkamp, Berlin 2017

Geldsetzer, Lutz; Hong, Han-ding: Chinesische Philosophie. Eine Einführung. Reclam, Stuttgart 2008

Gesang, Bernward: Eine Verteidigung des Utilitarismus. Reclam, Stuttgart 2003

Gorgoglione, Ruggiero: Paradoxien der Biopolitik. Politische Philosophie und Gesellschaftstheorie in Italien. Transcript, Bielefeld 2016

Graeber, David: Schulden. Die ersten 5000 Jahre. Klett Cotta, Stuttgart 2012

Granet, Marcel: Das chinesische Denken. Inhalt, Form, Charakter. Suhrkamp, München 1985

Greene, Robert: 33 Gesetze der Strategie. dtv, München 2017

Greene, Robert: Die 24 Gesetze der Verführung. dtv, München 2017

Greene, Robert: Power. Die 48 Gesetze der Macht. dtv, München 2016

Hacke, Jens: Existenzkrise der Demokratie. Zur politischen Theorie des Liberalismus in der Zwischenkriegszeit. Suhrkamp, Berlin 2018

Hahlbrock, Klaus: Kann unsere Erde die Menschen noch ernähren? Bevölkerungsexplosion – Umwelt – Gentechnik. Forum für Verantwortung. Fischer, Frankfurt a.M. 2007

Haider, Grabner-Haider: Die wichtigsten Philosophen. Marix 6. Auflage, Wiesbaden 2016

Haig, Matt: Ich und die Menschen. Dtv, München 2015

Hasenbach, Sabine: Aldous Huxley. BRAVE NEW WORLD. Textanalyse und Interpretation. Königs Erläuterungen. Bange, Hollfeld 2015

Hastedt, Heiner: Was ist Bildung? Eine Textanthologie. Reclam, Stuttgart 2012

Hawking, Stephen: Kurze Antworten auf große Fragen. Klett-Cotta, Stuttgart 2018

Heidenreich, Felix; Schaal, Gary S.: Einführung in die Politischen Theorien der Moderne. UTB 3. Auflage, Opladen/Toronto 2016

Heins, Volker: Max Weber. Zur Einführung. Junius, Berlin 1990

Heitmeyer, Wilhelm: Autoritäre Versuchungen. Suhrkamp, Berlin 2018

Helle, Horst Jürgen: Verstehende Soziologie. Lehrbuch, Oldenbourg, München/Wien 1999

Herberer, Thomas: Traditionelle Kultur und Modernisierung. Versuch einer Analyse am Beispiel Chinas. In Springer: Politische Vierteljahresschrift. Juni 1990, Vol. 31 No. 2, pp.214-237

Herberg-Rothe, Andreas: Der Krieg. Geschichte und Gegenwart. Campus, Frankfurt a.M. 2003

Herforth, Maria-Felicitas: George Orwell. 1984. Textanalyse und Interpretation. Königs Erläuterungen. Bange, Hollfeld 2014

Heubel, Fabian: Chinesische Gegenwartsphilosophie. Zur Einführung. Junius, Hamburg 2016

Hickethier, Knut: Film– und Fernsehanalyse. Metzler 5. Auflage, Stuttgart 2012

Hillmann, Karl-Heinz: Wörterbuch der Soziologie. 5., vollst. überarb. u. erw. Aufl., Kröner, Stuttgart 2007

Hirn, Wolfgang: Der nächste Kalte Krieg: China gegen den Westen. S.Fischer, Frankfurt a.M. 2013

132

Hobbes, Thomas: Leviathan oder Stoff, Form und Gestalt eines kirchlichen und bürgerlichen Staates. Frankfurt a.M. 1989

Hochgeschwender, Michael: Die Amerikanische Revolution. Geburt einer Nation. C.H.Beck, München 2016

Hoeges, Dirk: Niccolò Machiavelli. Die Macht und der Schein. C.H.Beck, München 2000

Höffe, Gerechtigkeit. Eine philosophische Einführung. C.H.Beck 5. Auflage, München 2001

Hoffman, Bruce: Terrorismus. Der unerklärte Krieg. Neue Gefahren politischer Gewalt. Fischer, Frankfurt a.M. 2008

Howard, Dick: Die Grundlegung der amerikanischen Demokratie. Suhrkamp, Frankfurt a.M. 2001

Howe, Neil; William Strauss: The Fourth Turning. An American Prophecy. Three River Press, New York 1997

Hubauer, Anton: Arbeit zur Vorlesung »Interkulturelle Philosophie«: Einführung: http://mailbox.univie.ac.at/Franz.Martin.Wimmer/vo0304.htmlAo. Univ.-Prof. Dr. Franz Martin WimmerWS 2003/04Politische Utopien im alten China und im antiken Griechenland. 2003/2004 Online: https://homepage.univie.ac.at/franz.martin.wimmer/stud-arbeiten/vo0304arbhubauer.pdf

Huntington, Samuel P.: Kampf der Kulturen. Die Neugestaltung der Weltpolitik im 21. Jahrhundert. Goldmann 10. Auflage, München 2002

Hürlimann, Gabriel: Analytik der Revolte. Über agonistische Konstellationen von Macht, Freiheit und Subjekt im Anschluss an Michel Foucault. Turia+Kant, Wien 2015

Hurrelmann et al., Klaus (Hrsg.): Handbuch Sozialisationsforschung. Weinheim: Beltz 2015.

Huxley, Aldous: Eiland. Piper 20. Auflage, München 2016

Huxley, Aldous: Essays. Band III. Seele und Gesellschaft. Piper, München 2018

Huxley, Aldous: Schöne neue Welt. Fischer, Frankfurt a.M. 1991

Huxley, Aldous: Wiedersehen mit der schönen neuen Welt. Piper, München 1987

Ihlau, Olaf: Weltmacht Indien. Die neuen Herausforderungen des Westens. Pantheon, München 2006

Jäger, Jill: Was verträgt unsere Erde noch? Wege in die Nachhaltigkeit. Forum für Verantwortung. Fischer, Frankfurt a.M. 2007

Jäger, Marc-Christian. Michel Foucaults Machtbegriff. Link: http://www.die-grenze.com/downloads/foucaula.pdf, 2000

Jäger, Thomas; Beckmann, Rasmus (Hrsg.): Handbuch Kriegstheorien. VS, Wiesbaden 2011

Jannidis, Fotis et al.: Texte zur Theorie der Autorschaft. Reclam, Stuttgart 2000

Jaster, Romy; Lanius, David: Die Wahrheit schafft sich ab. Wie Fake News Politik machen. Reclam, Ditzingen 2019

Joas, Hans (Hrsg.): Lehrbuch der Soziologie. 3., überarb. und erw. Aufl. Campus, Frankfurt am Main/New York 2003

Jung, C. G.; Kerényi, Karl: Das göttliche Kind. Führung in das Wesen der Mythologie. Edition CG Jung 3. Auflage, Ostfildern 2013

Kaesler, Dirk (Hrsg.): Aktuelle Theorien der Soziologie. Beck, München 2005

Kaesler, Dirk; Vogt, Ludgera (Hrsg.): Hauptwerke der Soziologie. Kröner, Stuttgart 2007

Kaku, Michio: Die Physik der Zukunft. Unser Leben in 100 Jahren. Rowohlt 8. Auflage, Reinbek bei Hamburg 2017

Kaldor, Mary: Neue und alte Kriege. Organisierte Gewalt im Zeitalter der Globalisierung. Suhrkamp, Frankfurt a.M. 2000

Kant, Immanuel: Vom ewigen Frieden. Ein philosophischer Entwurf. Holzinger 4. Auflage, Berlin 2016

Karlfriedrich Herb, Bernd Ludwig. Kants kritisches Staatsrecht. Link: http://epub.uni-regensburg.de/25584/1/ubr12785_ocr.pdf, kein Datum

Kelsen, Hans: Was ist Gerechtigkeit? Reclam, Ditzingen 2016

Kemper, Peter et al.: Wirklichkeit 2.0. Medienkultur im digitalen Zeitalter. Reclam, Stuttgart 2012

Kemper, Peter; Sonnenschein, Ulrich (Hrsg.): Globalisierung im Alltag. Suhrkamp, Frankfurt a.M. 2002

Kersting, Wolfgang: Thomas Hobbes. Zur Einführung. Junius, Hamburg 2002

Kiesewetter, Hubert: Kritik der modernen Demokratie. Georg Olms, Hildesheim 2011

Kilcher, Andreas B.: Franz Kafka. Leben, Werk, Wirkung. Suhrkamp, Frankfurt a.M. 2008

Kinnert, Diana: Die neue Einsamkeit. Und wie wir sie als Gesellschaft überwinden können. Hoffmann und Campe 3. Auflage, Hamburg 2021

Kissinger, Henry et al.: Wird China das 21. Jahrhundert beherrschen? Eine Debatte. Pantheon, München 2012

Kissinger, Henry: China. Zwischen Tradition und Herausforderung. Pantheon, München 2011

Kissinger, Henry: Weltordnung. Pantheon, München 2014

König, Siegfried: Die Welt des Kinos. Amazon, Leipzig 2015

König, Siegfried: Klassiker der politischen Philosophie. Hobbes, Locke, Rousseau. Amazon, Leipzig 2017

König, Siegfried: Michel Foucault. Einführung und Werküberblick. Amazon, Leipzig 2017

Kornblicher, Thomas: Die Sucht, ganz oben zu sein. Psychohistorische Dimensionen von Macht und Herrschaft. Kreuz, Stuttgart 2007

Korte, Hermann: Einführung in die Geschichte der Soziologie. 8. Aufl., VS, Wiesbaden 2006

134

Kostolany, André: Die Kunst, über Geld nachzudenken. Ullstein, Berlin 2015

Krasmann, Susanne: Die Kriminalität der Gesellschaft. Zur Gouvernementalität der Gegenwart. UVK, Konstanz 2003

Krasmann, Susanne; Volkmer, Michael (Hrsg.): Michel Foucaults »Geschichte der Gouvernementalität« in den Sozialwissenschaften. Internationale Beiträge. Transcript, Bielefeld 2007

Krause, Ralf; Rölli, Marc (Hrsg.): Macht. Begriff und Wirkung in der politischen Philosophie der Gegenwart. Transcript, Bielefeld 2008

Kröll, Friedhelm: Soziologie. Im Labyrinth der Modelle. Eine Orientierung, new academic press, Wien 2014

Krönig, Franz K.: Die Ökonomisierung der Gesellschaft. Systemtheoretische Perspektiven. Transcript, Bielefeld 2007

Kruchem, Thomas: Am Tropf von Big Food. Wie die Lebensmittelkonzerne den Süden erobern und arme Menschen krank machen. Transcript, Bielefeld 2017

Kühl, Stefan: Organisationen. Eine sehr kurze Einführung. VS, Wiesbaden 2011

Kuhn, Axel: Die Französische Revolution. Reclam, Stuttgart 2012

Lamla, Jörn et al. (Hrsg.): Handbuch der Soziologie, UVK, Konstanz 2014

Latif, Mojib: Bringen wir das Klima aus dem Takt? Hintergründe und Prognosen. Forum für Verantwortung. Fischer, Frankfurt a.M. 2007

Lauth, Hans-Joachim et al.: Vergleich politischer Systeme. Utb, Paderborn 2014

Leitner, Ulrich: Imperium. Geschichte und Theorie eines politischen Systems. Campus, Frankfurt/New York 2011

Lemke, Thomas: Biopolitik. Zur Einführung. Junius, Hamburg 2007

Lemke, Thomas: Eine Kritik der politischen Vernunft. Foucaults Analyse der modernen Gouvernementalität. Argument, Hamburg 1997

Lemke, Thomas: Gouvernementalität und Biopolitik. VS, Wiesbaden 2007

Lerg, Charlotte: Die Amerikanische Revolution. UTB, Tübingen 2010

Lettner, Heike: Warum Menschen töten. Steckt in jedem von uns ein Mörder? Goldegg, Wien 2012

Levine, Robert: Die Grosse Verführung. Psychologie der Manipulation. Piper, München/Berlin 2003

Lippmann, Walter: Die öffentliche Meinung. Wie sie entsteht und manipuliert wird. Westend, Frankfurt a.M. 2018

Llanque, Marcus: Geschichte der politischen Ideen. Von der Antike bis zur Gegenwart. C.H.Beck 2. Auflage, München 2016

Locke, John. Zwei Abhandlungen über die Regierung. Link:
http://www.welcker-online.de/Texte/Locke/Locke_einf.pdf;
http://www.welcker-online.de/Texte/Locke/Locke_1.pdf;
http://www.welcker-online.de/Texte/Locke/Locke_2.pdf, 1689

Lorenz, Konrad: Das sogenannte Böse. Zur Naturgeschichte der Aggression. Dtv 22. Auflage, München 2000

Luhmann, Niklas: Die Realität der Massenmedien. Springer 5. Auflage, Wiesbaden 2017

Luhmann, Niklas: Organisation und Entscheidung. VS, 3. Auflage, Wiesbaden 2011

Lusted, Maria Amidon: Suzanne Collins. Words on fire. Lifeline biographies. USA Today, Minneapolis 2013

Maahs, Ina-Maria: Utopie und Politik. Potentiale kreativer Politikgestaltung. Transcript, Bielefeld 2018

Machiavelli, Niccolo: Der Fürst. Kröner 6. Auflage, 1978

Machiavelli, Niccolo: Discorsi. Staat und Politik. Hrsg.: Horst Günther. Insel, Frankfurt a.M. 2000

Machiavelli, Niccolo: Vom Staate. Der Fürst. Kleine Schriften. Nikol 3. Auflage, Hamburg 2017

Mai, Gunther. Die Weimarer Republik. 2014

Marshall, Tim: Die Macht der Geographie. Wie sich Weltpolitik anhand von 10 Karten erklären lässt. dtv, München 2017

Marshall, Tim: Im Namen der Flagge. Die Macht politischer Symbole. dtv, München 2017

Martens, Ekkehard; Steenblock, Volker (Hrsg.): Politik und Utopie. Staatsphilosophie. BSV, München 2004

Mau, Steffen: Das metrische Wir. Über die Quantifizierung des Sozialen. Suhrkamp, Berlin 2017

Mauser, Wolfram: Wie lange reicht die Ressource Wasser? Vom Umgang mit dem blauen Gold. Forum für Verantwortung. Fischer, Frankfurt a.M. 2007

Mayer, Thomas: Die Ordnung der Freiheit und ihre Feinde. Vom Aufstand der Verlassenen gegen die Herrschaft der Eliten. FBV, München 2018

Melville, Herman: Moby Dick. Insel, Frankfurt am Main 2003

Meulemann, Heiner: Soziologie von Anfang an. Eine Einführung in Themen, Ergebnisse und Literatur. 2., überarb. Auflage. VS, Wiesbaden 2006

Meyer, Bernd: Wie muss die Wirtschaft umgebaut werden? Perspektiven einer nachhaltigeren Entwicklung. Forum für Verantwortung. Fischer, Frankfurt a.M. 2007

Meyer, Thomas: Was ist Demokratie? Eine diskursive Einführung. VS, Wiesbaden 2009

Miegel, Meinhard: Hybris. Die überforderte Gesellschaft. List, Berlin 2015

Milgram, Stanley: Das Milgram-Experiment. Zur Gehorsamsbereitschaft gegenüber Autorität. Rowohlt 20. Auflage, Reinbek bei Hamburg 2017

Mill, Stuart: Über die Freiheit. Reclam, Ditzingen 2017

Moestl, Bernhard: Die 13 Siegel der Macht. Von der Kunst der guten Führung. Knaur, München 2013

Monaco, James: Film verstehen. Rowohlt überarbeitet, Reinbek bei Hamburg 2009

Montaigne, Michel de: Von der Macht der Phantasie. Dtv/C.H.Beck 3. Auflage, München 2017

Montesquieu. Vom Geist der Gesetze. 1748

Morris, Ian: Wer regiert die Welt? Warum Zivilisationen herrschen oder beherrscht werden. Campus, Frankfurt a.M. 2012

Morus, Thomas: Utopia. Nikol, Hamburg 2011

Müller, Harald: Weltmacht Indien. Wie uns der rasante Aufstieg herausfordert. Fischer, Frankfurt a.M. 2006

Müller, Harald: Wie kann eine neue Weltordnung aussehen? Wege in eine nachhaltige Politik. Forum für Verantwortung. Fischer, Frankfurt a.M. 2007

Müller, Michael: Vorbemerkung. In: Interpretationen Franz Kafka. Romane und Erzählungen. Michael Müller (Hrsg.) Reclam 2. überarbeitete Auflage, Stuttgart 2003

Müller-Jentsch, Walther: Organisationssoziologie. Eine Einführung. Campus, Frankfurt a.M. 2003

Münch, Richard: Soziologische Theorie. Band 1: Grundlegung durch die Klassiker/Band 2: Handlungstheorie/Band 3: Gesellschaftstheorie. Campus, Frankfurt am Main/New York 2004

Münkler, Herfried: Die neuen Kriege. Rowohlt 6. Auflage, Reinbek bei Hamburg 2015

Münkler, Herfried: Imperien. Die Logik der Weltherrschaft – vom Alten Rom bis zu den Vereinigten Staaten. Rowohlt 3. Auflage, Reinbek bei Hamburg 2014

Münkler, Herfried: Kriegssplitter. Die Evolution der Gewalt im 20. und 21. Jahrhundert. Rowohlt, Berlin 2017

Münkler, Herfried; Straßenberger, Grit: Politische Theorie und Ideengeschichte. Eine Einführung. C.H.Beck, München 2016

Münz, Rainer; Reiteter, Albert F.: Wie schnell wächst die Zahl der Menschen? Weltbevölkerung und weltweite Migration. Forum für Verantwortung. Fischer, Frankfurt a.M. 2007

Narducci, Emanuele: Cicero. Reclam, Stuttgart 2012

Nassehi, Armin: Soziologie. Zehn einführende Vorlesungen. VS, Wiesbaden 2008

Nast, Michael: Generation Beziehungsunfähig. Edel, 3. Auflage, Hamburg 2016

Naumann, Frank: Die Kunst der Diplomatie. Zwanzig Gesetze für sanfte Sieger. Rororo 7. Auflage, Reinbek 2015

Nautz, Jürgen: Die großen Revolutionen der Welt. Marix, Wiesbaden 2008

Neckel, Sighard et al. (Hrsg.): Sternstunden der Soziologie. Wegweisende Theoriemodelle des soziologischen Denkens, Campus Verlag, Frankfurt am Main 2010

Neiman, Susan: Widerstand der Vernunft. Ein Manifest in postfaktischen Zeiten. Ecowin, Wals bei Salzburg 2017

Neuhäuser, Christian: Reichtum als moralisches Problem. Suhrkamp, Berlin 2018

Nida-Rümelin, Julian; Weidenfeld, Nathalie: Die Realität des Risikos. Über den vernünftigen Umgang mit Gefahren. Piper 2. Auflage, München 2021

Noller, Jörg: Theorien des Bösen. Zur Einführung. Junius, Hamburg 2017

Nöllke, Matthias: Psychologie für Führungskräfte. C.H.Beck, 2. Auflage, München 2016

Nordhausen, Frank; Schmid, Thomas (Hrsg.): Die arabische Revolution. Demokratischer Aufbruch von Tunesien bis zum Golf. Berlin 2011

Oberndörfer, Dieter; Rosenzweig, Beate (Hrsg.): Klassische Staatsphilosophie. Texte und Einführungen. Von Platon bis Rousseau. C.H.Beck 3. Auflage, München 2014

Oesterdiekhoff, Georg W. (Hrsg.): Lexikon der soziologischen Werke. Westdeutscher Verlag, Wiesbaden 2001

Oetinger Verlag: The Hunger Games. Die Tribute von Panem. Das offizielle Handbuch zu den Tributen. Hamburg 2012

Oppelt, Martin: Gefährliche Freiheit. Rousseau, Lefort und die Ursprünge der radikalen Demokratie. Nomos, Baden-Baden 2016

Orwell, George: 1984. Ullstein 39. Auflage, Berlin 2016

Osterhammel, Jürgen; Jansen, Jan C.: Dekolonisation. Das Ende der Imperien. C.H.Beck, München 2013

Osterhammel, Jürgen; Jansen, Jan C.: Kolonialismus. Geschichte, Formen, Folgen. C.H.Beck, München 2017

Peglau, Andreas: Rechts Ruck. Wilhelm Reichs Massenpsychologie des Faschismus als Erklärungsansatz. Nora 2. Auflage, Berlin 2017

Perthes, Volker: Der Aufstand. Die arabische Revolution und ihre Folgen. Pantheon, München 2011

Pieper, Annemarie: Gut und Böse. C.H.Beck 3. Auflage, München 2008

Pilling, Iris: Denken und Handeln als Jüdin. Hannah Arendts politische Theorie vor 1950. Peter Lang, Frankfurt a.M. 1996

Platon. Politeia. Link: http://www.alexandria.de/Autoren_und_Werke/Platon/Platon-Der_Staat-Politeia.pdf, Antike

Plutarch: Die Kunst zu leben. Insel 4. Auflage, Frankfurt a.M./Leipzig 2017

Poczka, Irene: Die Regierung der Gesundheit. Fragmente einer Genealogie liberaler Gouvernementalität. Transcript, Bielefeld 2017

Popitz, Heinrich: Prozesse der Machtbildung. Recht und Staat in der Gesellschaft der Gegenwart. Eine Sammlung von Vorträgen und Schriften aus dem Gebiet der gesamten Staatswissenschaft. Mohr Siebeck, Tübingen 1968

Postman, Neil: Das Technopol. Die Macht der Technologien und die Entmündigung der Gesellschaft. S.Fischer, Frankfurt a.M. 1992

Postman, Neil: Das Verschwinden der Kindheit. Fischer, Frankfurt a.M. 1987

Postman, Neil: Wir amüsieren uns zu Tode. Urteilsbildung im Zeitalter der Unterhaltungsindustrie. S.Fischer, Frankfurt a.M. 1985

Precht, Richard David: Von der Pflicht. Eine Betrachtung. Goldmann, München 2021

Preisendörfer, Peter: Organisationssoziologie. Grundlagen, Theorien und Problemstellungen. Springer, 4. Auflage, Wiesbaden 2016

Prisching, Manfred: Soziologie. Themen – Theorien – Perspektiven. 3., erg. und überarb. Auflage. Böhlau, Wien/Köln/Weimar 1995

Prokop, Dieter: Der kulturindustrielle Machtkomplex. Neue kritische Kommunikationsforschung über Medien, Werbung und Politik. Halem, Düsseldorf 2005

Rahmstorf, Stefan; Richardson, Katherine: Wie bedroht sind die Ozeane? Biologische und physikalische Aspekte. Forum für Verantwortung. Fischer, Frankfurt a.M. 2007

Ramge, Thomas: Mensch und Maschine. Wie künstliche Intelligenz und Roboter unser Leben verändern. Reclam, Ditzingen 2018

Rapp, Christoff: Aristoteles. Zur Einführung. Junius, Hamburg 2001

Reckwitz, Andreas: Die Gesellschaft der Singularitäten. Zum Strukturwandel der Moderne. Suhrkamp, Berlin 2017

Reckwitz, Andreas: Die Gesellschaft der Singularitäten. Zum Strukturwandel der Moderne. Suhrkamp, Berlin 2017

Reemtsma, Jan Philipp: Die Gewalt spricht nicht. Drei Reden. Reclam, Stuttgart 2002

Reemtsma, Jan Philipp: Gewalt als Lebensform. Zwei Reden. Reclam, Stuttgart 2016

Reese-Schäfer, Walter: Niklas Luhmann. Zur Einführung. Junius, Berlin 1990

Reich, Wilhelm: Die Massenpsychologie des Faschismus. Kiepenheuer & Witsch 8. Auflage, Köln 2020

Reichardt, Rolf (Hrsg.): Die Französische Revolution. Anaconda, Köln 2012

Reichholf, Josef H.: Die Zukunft der Arten. Neue ökologische Überraschungen. Dtv, München 2009

Reichholf, Josef H.: Ende der Artenvielfalt? Gefährdung und Vernichtung von Biodiversität. Forum für Verantwortung. Fischer, Frankfurt a.M. 2008

Reinhard, Wolfgang: Geschichte der Staatsgewalt. Eine vergleichende Verfassungsgeschichte Europas von den Anfängen bis zur Gegenwart. C.H.Beck 3. Auflage, München 2002

Reinhard, Wolfgang: Geschichte des modernen Staates. Von den Anfängen bis zur Gegenwart. C.H.Beck, München 2007

Reinhold, Gerd (Hrsg.): Soziologie-Lexikon, 3. überarb. und erw. Auflage, Oldenbourg, München/Wien 1997

Rölli, Marc; Nigro, Roberto (Hrsg.): Vierzig Jahre »Überwachen und Strafen«. Zur Aktualität der Foucault'schen Machtanalyse. Transcript, Bielefeld 2017

Rosa, Hartmut: Unverfügbarkeit. Suhrkamp 3. Auflage, Berlin 2021

Rothermund, Dietmar: Indien. Aufstieg einer asiatischen Weltmacht. C.H.Beck, München 2008

Rouoff, Michael: Foucault-Lexikon. UTB 3. Auflage, Paderborn 2013

Rousseau, Jean-Jacques. Der Gesellschaftsvertrag oder die Grundsätze des Staatsrechts. Link: http://www.welcker-online.de/Texte/Rousseau/Contract.pdf, 1880

Sarasin, Philipp: Michel Foucault. Zur Einführung. Junius, Hamburg 2005

Sartre, Jean-Paul: Der Idiot der Familie. Gustave Flaubert. 1821 bis 1857. Rowohlt, Reinbek 1977

Schäfer, Armin; Zürn, Michael: Die demokratische Regression. Suhrkamp, Berlin 2021

Schäfers, Bernhard; Kopp, Johannes (Hrsg.): Grundbegriffe der Soziologie. 9. Aufl., VS, Wiesbaden 2006

Scheidler, Fabian: Das Ende der Megamaschine. Geschichte einer scheiternden Zivilisation. Promedia, Wien 2016

Schieder, Siegfried; Spindler, Manuela (Hrsg.): Theorien der internationalen Beziehungen UTB 3. überarbeitete und aktualisierte Auflage, Opladen und Farmington Hills 2010

Schlüter, Christiane: Die wichtigsten Psychologen im Portät. Marix 5. Auflage, Wiesbaden 2015

Schmid, Bernhard: Die arabische Revolution? Soziale Elemente und Jugendprotest in den nordafrikanischen Revolten. Edition assemblage, Münster 2011

Schmidt, Jochen: Die Geschichte des Genie-Gedankens in der deutschen Literatur, Philosophie und Politik 1750-1945. Band 1. Wissenschaftliche Buchgemeinschaft Darmstadt, Darmstadt 1985

Schmidt, Jochen: Die Geschichte des Genie-Gedankens in der deutschen Literatur, Philosophie und Politik 1750-1945. Band 2. Wissenschaftliche Buchgemeinschaft Darmstadt, Darmstadt 1985

Schmidt, Jochen: Goethes Faust. Erster und Zweiter Teil. Grundlagen – Werk – Wirkung. C.H.Beck 3. Auflage, München 2011

Schmidt, Manfred G.: Demokratietheorien. Eine Einführung. VS 5. Auflage, Wiesbaden 2010

Schmidt-Bleek, Friedrich: Nutzen wir die Erde richtig? Die Leistungen der Natur und die Arbeit des Menschen. Forum für Verantwortung. Fischer, Frankfurt a.M. 2007

Schmitz-Emans, Monika: Aus Politik und Zeitgeschichte 2013, Heft 52. Monika Schmitz-Emans: Monster: Eine Einführung. S.11-17

Schneckener, Ulrich: Transnationaler Terrorismus. Charakter und Hintergründe des »neuen« Terrorismus. Suhrkamp, Frankfurt a.M. 2006

Schopenhauer, Arthur: Die Kunst, Recht zu behalten. Nikol 12. Auflage, Hamburg 2016

Schroth, Jörg (Hrsg.): Texte zum Utilitarismus. Reclam, Stuttgart 2016

Schulin, Ernst: Die Französische Revolution. C.H.Beck, München 1989

140

Schwaabe, Christian: Politische Theorie 1. Von Platon bis Locke. UTB 2. Auflage, Paderborn 2010

Schwaabe, Christian: Politische Theorie 2. Von Rousseau bis Rawls. UTB 3. Auflage, Paderborn 2007

Schwab, Klaus: Die Vierte Industrielle Revolution. Pantheon, München 2006 Amerikanische Außenpolitik

Schwandt, Michael: Kritische Theorie. Eine Einführung. Schmetterling 2. Auflage, Stuttgart 2010

Schwanitz, Dietrich: Bildung. Alles, was man wissen muß. Goldmann, München 2002

Schweidler, Walter: Der gute Staat. Politische Ethik von Platon bis zur Gegenwart. Reclam, Stuttgart 2004

Sebaldt, Martin; Straßner, Alexander (Hrsg.): Aufstand und Demokratie. Counterinsurgency als normative und praktische Herausforderung. VS, Wiesbaden 2011

Segal, Robert A.: Mythos. Eine kleine Einführung. Reclam, Stuttgart 2007

Shakespeare, William: Coriolanus. Onl. verfüg.: http://www.william-shakespeare.de/coriola1/coriolan.htm

Sheffer, Edith: Aspergers Kinder. Die Geburt des Autismus im Dritten Reich. Campus, Frankfurt a.M. 2018

Shvets, Viktor: The Great Rupture: Three Empires, Four Turning Points, and the Future of Humanity. Boyle&Dalton, 2020

Sieber, Samuel: Macht und Medien. Zur Diskursanalyse des Politischen. Transcript, Bielefeld 2014

Sloterdijk, Peter: Die Verachtung der Massen. Versuch über Kulturkämpfe in der modernen Gesellschaft. Suhrkamp 9. Auflage, Frankfurt a.M. 2016

Smith, Laurence C.: Die Welt im Jahr 2050. Die Zukunft unserer Zivilisation. Pantheon, München 2011

Snyder, Timothy: Über Tyrannei. Zwanzig Lektionen für den Widerstand. C.H.Beck, München 2017

Sofsky, Wolfgang: Zeiten des Schreckens. Amok, Terror, Krieg. Fischer, Frankfurt a.M. 2002

Souchon, Lennart: Carl von Clausewitz. Strategie im 21. Jahrhundert. Mittler, Hamburg 2012

Spilker, Niels: Lebenslanges Lernen als Dispositiv – Bildung, Macht und Staat in der neoliberalen Gesellschaft. München, 2013

Stammen, Theo et al. (Hrsg.): Hauptwerke der politischen Theorie. Kröner, Stuttgart 1997

Straßenberger, Grit: Hannah Arendt. Zur Einführung. Junius, Hamburg 2015

Stroh, Cicero: Redner, Staatsmann, Philosoph. C.H.Beck 3. Auflage, München 2016

Stykow, Petra: Vergleich politischer Systeme. Utb, Paderborn 2007

Sueton: Leben und Taten der römischen Kaiser. Anaconda, Köln 2013

Suhrkampverlag: Michel Foucault. Die Hauptwerke. Suhrkamp 4. Auflage, Frankfurt a.M. 2016

Takami, Koushun: Battle Royale. Wilhelm Heyne, München 2006

Thiele, Ulrich: Die politischen Ideen. Von der Antike bis zur Gegenwart. Marix 2. Auflage, Wiesbaden 2014

Tolstoi, Leo: Krieg und Frieden. Anaconda, Köln 2009

Townshend, Charles: Terrorismus. Eine kurze Einführung. Reclam, Stuttgart 2005

Tranquillus, Gaius Suetons: Die zwölf Caesaren. Holzinger, Berlin 2013

Treibel, Annette: Einführung in soziologische Theorien der Gegenwart. 7., aktualisierte Auflage. VS, Wiesbaden 2006

Trump, Donald J.: Make America Great Again. Wie ich Amerika retten werde. Plassen, Kulmbach 2016

Turek, Jürgen: Globalisierung im Zwiespalt. Die postglobale Misere und Wege, sie zu bewältigen. Transcript, Bielefeld 2017

Varwick, Johannes (Hrsg.): Krieg und Frieden. Eine Einführung. ZpB, Schwalbach 2014

Viehöver, Willy; Wehling, Peter (Hrsg.): Entgrenzung der Medizin, Von der Heilkunst zur Verbesserung des Menschen? Transcript, Bielefeld 2011

Voigt, Rüdiger (Hrsg.): Staatsdenken. Zum Stand der Staatstheorie heute. Nomos, Baden-Baden 2016

Vorländer, Hans: Demokratie. Geschichte, Formen, Theorien. C.H.Beck 2. Auflage, München 2010

Wagner, Hermann-Josef: Was sind die Energien des 21. Jahrhunderts? Der Wettlauf um die Lagerstätten. Forum für Verantwortung. Fischer, Frankfurt a.M. 2007

Weber, Max: Politik als Beruf. Anaconda, Köln 2014

Weber, Max: Soziologische Grundbegriffe. UTB 6. Auflage, Tübingen 1984

Weber, Max: Wirtschaft und Gesellschaft. Grundriß der verstehenden Soziologie. Mohr Siebeck 5. Auflage, Tübingen 1972

Wehler, Hans-Ulrich: Die Herausforderung der Kulturgeschichte. C.H. Beck, München 1998

Wehr, Helmut: Erich Fromm. Zur Einführung. Junius, Hamburg 1990

Weiler, Bernd: Die Ordnung des Fortschritts. Zum Aufstieg und Fall der Fortschrittsidee in der »jungen« Anthropologie. Transcript, Bielefeld 2006

Weizenbaum, Joseph: Computermacht und Gesellschaft. Suhrkamp, Frankfurt a.M. 2001

Welzer, Harald: Die smarte Diktatur. Der Angriff auf unsere Freiheit. Fischer, Frankfurt a.M. 2017

Welzer, Harald: Klimakriege. Wofür im 21. Jahrhundert getötet wird. Fischer, Frankfurt a.M. 2010

Welzer, Harald: Selbst Denken. Eine Anleitung zum Widerstand. Fischer TB 7. Auflage, Frankfurt a.M. 2016

Welzer, Harald: Täter. Wie aus ganz normalen Menschen Massenmörder werden. Fischer 7. Auflage, Frankfurt a.M. 2016

Wiegandt, Klaus (Hrsg.): Mut zur Nachhaltigkeit. 12 Wege in die Zukunft. Forum für Verantwortung. Fischer, Frankfurt a.M. 2007

Wiemers, Eva: Dystopien in aktueller Kinder- und Jugendliteratur. Suzanne Collins »Die Tribute von Panem« im Deutschunterricht. Masterarbeit, Grin, Norderstedt 2012

Wildt, Michael: Volk, Volksgemeinschaft, AfD. Hamburger Edition, Hamburg 2017

Wilhelm, Richard: Chinesische Philosophie. Eine Einführung. Marix, Wiesbaden 2007

Winkler, Heinrich August: Zerbricht der Westen? Über die gegenwärtige Krise in Europa und Amerika. C.H.Beck, München 2017

Wolffsohn, Michael: Zum Weltfrieden. Ein politischer Entwurf. Dtv, München 2015

Woolf, Greg: ROM. Die Biographie eines Weltreiches. Klett-Cotta, Stuttgart 2015

Young-Bruehl, Elisabeth: Hannah Arendt. Leben, Werk und Zeit. Fischer Frankfurt a.M. 2004

Zehnpfennig, Barbara: Platon. Zur Einführung. Junius, Hamburg 1997

Zimbardo, Philip: Der Luzifer-Effekt. Die Macht der Umstände und die Psychologie des Bösen. Springer, Heidelberg 2017

Anmerkungen

[1] Aspekte (ZDF), 7. April 2017

[2] Politik und Zeitgeschichte 52/2013: »Monster: Eine Einführung«

[3] Wikipedia: Rhinocerus. Zul.abg.: 26.10.2021; 18:54 MEZ

[4] Canetti: 272

[5] Vgl. Machiavelli, Discorsi: 38f.

[6] https://dietributevonpanem.fandom.com/wiki/Coriolanus_Snow?file=518px-Snow_Portrait.jpg Zul.abg.: 17.10.2021; 01:34 MEZ

[7] Melville, Moby Dick (Kapitel 42: Weiß): 262ff.

[8] https://www.zedge.net/wallpaper/7f8f6a72-a4e3-32cd-b2b2-47cd42d5ab4e Zul.abg.: 17.10.2021; 01:34 MEZ

[9] Drewermann: 127

[10] Vgl. https://www.spiegel.de/auto/aktuell/turkmenistan-praesident-berdimuhamedow-will-nur-noch-weisse-autos-a-1015950.html Zul.abg.: 06.10.2021; 12:29 MEZ

[11] Fromm, Anatomie der menschlichen Destruktivität: 454

[12] Rosa: 7

[13] https://static.wikia.nocookie.net/thehungergames/images/c/c0/President_Snow1.jpg/revision/latest?cb=20120208235717 Zul.abg.: 17.10.2021; 01:34 MEZ

[14] Hoeges: 92

[15] Wikipedia: Die Insel der Pinguine. Zul.abg.: 17.10.2021; 01:34 MEZ

[16] https://dietributevonpanem.fandom.com/wiki/Coriolanus_Snow?file=Snow.jpeg Zul.abg.: 17.10.2021; 01:34 MEZ

[17] Aus: Machiavelli, Der Fürst (Kröner)

[18] Machiavelli, Discorsi: 311, 313

[19] Fromm, Die Furcht vor der Freiheit: 88

[20] Fromm, Anatomie der menschlichen Destruktivität: 453ff.

[21] Ebd.: 218

[22] Ebd.: 336 über die Ursachen von Sadismus

[23] Vgl. Fromm, ebd.: 364

[24] Machiavelli, Discorsi: 215f.

[25] Fromm, Anatomie der menschlichen Destruktivität: 322-329

[26] Sutherland: Letters from the Rose Garden

[27] Le Bon, Psychologie der Massen: 72

[28] https://dietributevonpanem.fandom.com/wiki/Coriolanus_Snow?file=Snow.jpg Zul.abg.: 17.10.2021; 01:34 MEZ

[29] Sutherland: Letters from the Rose Garden

[30] Hoeges: 113f.

[31] Ebd.: 183f.

32 Ebd.: 186

33 Ebd.: 197

34 Machiavelli, Discorsi: 334f.

35 Fromm, Haben oder Sein: 63

36 Fromm, Vom Haben zum Sein: 136f.

37 Machiavelli, Discorsi: 415

38 Siehe hierzu die Überlegungen von Machiavelli, Discorsi: 310f., 313

39 Vgl. Fromm, Die Seele des Menschen: 45

40 Fromm, Die Pathologie der Normalität: 129

41 Vgl. Ebd.: 128

42 Vgl. http://mockingjayfilm.org/character-names-and-their-meanings-part-2/ Zul.abg.: 18.10.2021; 14:26 MEZ

43 Fromm, Anatomie der menschlichen Destruktivität: 380-383

44 Vgl. auch Fromm, Über die Liebe zum Leben: 134f.

45 Schwanitz: 654

46 Arendt, Elemente und Ursprünge totaler Herrschaft: 729

47 Ebd.: 729f.; Fußnote zum Zitat

48 Clausewitz zit. n. Boston Consulting Group: 69

49 https://www.fanpop.com/clubs/the-hunger-games/images/37848374/title/president-snow-photo Zul.abg.: 17.10.2021; 01:34 MEZ

50 Vgl. den Zusammenschnitt https://www.youtube.com/watch?v=I-aKv3VrOwLU Zul.abg.: 17.10.2021; 01:34 MEZ

51 Fromm, Haben oder Sein: 37f.

52 https://www.youtube.com/watch?v=fY-ogSAvMgo Zul.abg.: 27.10.2021; 22:35 MEZ

53 https://www.youtube.com/watch?v=OC1F10q6NdY Zul.abg.: 27.10.2021; 22:28 MEZ

54 https://www.youtube.com/watch?v=OC1F10q6NdY Zul.abg.: 27.10.2021; 22:39 MEZ

55 Machiavelli, Discorsi: 248

56 Ebd.: 219f.

57 Ebd.: 185

58 Drewermann: 251

59 Ebd.: 252

60 Ebd.: 254f.

61 Ebd.: 258

62 Ebd.: 268

Zum Gesamtwerk

Der fünfbändige »Snowfall-Zyklus« ist das Ergebnis eines mehr als sechs Jahre andauernden und intensiven Auseinandersetzungsprozesses des Autors Joshua Beck mit dem fiktiven Staat »Panem«, welcher in Suzanne Collins Dystopie eines in Krisen, Kriegen, Naturkatastrophen und Pandemien untergegangenen Nordamerikas zum Spiegelbild unserer eigenen Welt geworden ist.

Auf hohem sprachlichen und intellektuellen Niveau – und dennoch gut verständlich – zeichnet der Autor »Panems Geschichte von Brot und Tod« in zwei Bänden nach. Sowohl im dritten (»Panem Revisited«) als auch im fünften, erweiternden Band (»Die Geschichte der Macht und die Macht der Geschichte«) bearbeitet Beck eine zeitgenössische Rezeption des Landes, »das den Kinderhass zum Staatskult erhoben hat«, und legt dem Leser eine fundierte Analytik der Machtmechanismen und inneren Funktionsweisen von Staaten und Gesellschaften dar.

Beck lässt dabei sein tiefes Verständnis der eingeordneten wissenschaftlichen Aufsätze und Abhandlungen zahlreicher Autoren erkennen – allen voran Hannah Arendt, Erich Fromm und Michel Foucault. Kenntnisreich, souverän und in seinem Urteil stets treffend untersucht Beck die historischen Hintergründe der totalen Herrschaft. Seine Argumentation wird sprachlich präzise dargeboten und zeigt viele Verbindung auf, die vielen Lesern oder Kinozuschauern oft gar nicht auffallen.

Die vielen Fragestellungen und Zusammenhängen sind aufgrund der ausführlichen Darstellung der philosophischen und theoretischen Gedankengebäude für einen nicht informierten Leser niemals mit Anstrengung oder innerem Kampf verbunden. Beck kommt in seinem Text zu geistreichen und originellen Einsichten und seine zeitgenössische Deutung übersteigt erheblich das Niveau einer sehr guten Literaturkritik.

Becks fulminante und epochemachende Panem-Forschung ist als ein grandioses und brillantes Hauptwerk anzusprechen, das den weiten geistigen Horizont und die Bildung seines Verfassers dokumentiert und jede andere zeitgenössische Panem-Rezeption inhaltlich und vollumfänglich überstrahlt.

Neben vielen Beispielen aus dem Bereich der Unterhaltungsindustrie wendet sich Beck mehreren literarischen Werken zu und analysiert intensiv auch die Ebene der Politik, indem der ausgehend von Präsident Coriolanus Snow besonders im vierten Band (»Der seltsame Fall des Coriolanus Snow«) die geschichtlichen und die modernen Autokraten thematisiert. Sehr überzeugend arbeitet Beck das Monster in jedem Menschen heraus und zeigt, dass Panem als Staatsform keineswegs weithergeholt erscheint, sondern noch in diesem Jahrhundert bittere Realität zu werden droht. Der Mensch ist – biologisch wie psychisch – im Begriff, zu verschwinden und von seelenlosen, mechanisierten Automaten verdrängt zu werden.

Doch dabei verfällt er keineswegs in Pessimismus und Resignation, sondern ermutigt uns als demokratische und liberale Wertegemeinschaft, sich den großen Herausforderungen als gemeinsames Kollektiv aktiv zu stellen und als Einzelner zu sich selbst zu finden. Der Widerstand gegen die totale Herrschaft, so Beck, beginnt mit der Bewahrung und dem Erhalt der eigenen Individualität, Identität und Spontanität.